한중
병렬말뭉치의
활용

문법대조연구

한중
병렬말뭉치의
활용

문법대조연구

이문화 지음

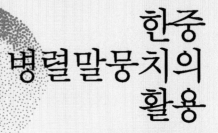

-(으)로

-에

-에서

있다

-고 있다

없다

-아/어 있다

學古房

최근 대조언어학을 비롯한 많은 연구들은 직관에 따른 문장 중심의 연구에서 벗어나, 병렬말뭉치를 바탕으로 한 실제 자료에 기반한 연구가 증가하는 추세이다. 특히 복잡한 한중 문법 대조는 실제 사용 맥락을 고려하여 문어와 구어도 구별해서 그들이 사용되면서 실제 대응되는 여러 현상을 밝혀야 한다. 이를 위해서는 글말 자료인 신문 병렬말뭉치와 입말 자료인 드라마 병렬말뭉치를 구축하는 것이 필수적이다. 이에 따라서 저자가 직접 신문 병렬말뭉치와 드라마 병렬말뭉치를 구축하고 이를 활용하여 한국어 문법 표현들이 일상생활에서 다양하게 사용되고 있는 모습과 그의 중국어 대응 양상을 밝혔다.

제1장에서는 신문과 드라마 병렬말뭉치를 사용하여 부사격 조사 '-(으)로'의 의미를 살펴보고 다양한 의미 기능에 따른 중국어의 대응 양상 및 특징을 살펴봤다. 특히 왜 그들 간에 그런 대응 현상이 일어나는지도 해석해 봤다. 또 그들 간에 대응 양상을 글말과 입말 경우에 제시함으로써 부사격 조사 '-(으)로' 관련 번역이나 의사소통 교육에 실질적으로 도움이 되는 기반 자료를 제공하게 될 것이다.

제2장에서는 드라마 병렬말뭉치에 나타난 '-에'와 '-에서'를 분석하고 그의 의미 기능에 따른 중국어의 대응 양상 및 특징을 살펴봤다. 먼저 '-에'와 '-에서'의 사전적 의미와 병렬말뭉치에 나타난 의미를

5

정리했다. 다음으로 한중사전과 병렬말뭉치를 통하여 '-에'와 '-에서'의 세부 의미와 각각의 중국어 대응 표현을 비교했다. 마지막으로 '-에'와 '-에서'의 중국어 대응 양상을 종합적으로 정리해 봤다.

제3장에서는 드라마 병렬말뭉치에 출현한 '있다'가 포함된 구문, '없다'가 포함된 구문의 어휘적 의미와 문법적 의미에 대응하는 중국어 양상을 살펴봤다. 또한 어휘적 의미로서의 '있다', '없다'와 문법적 의미로서의 '있다', '없다'에 대응하는 중국어 표현 가운데 어떤 의미가 서로 반의 관계를 이루는지도 밝혔다.

제4장에서는 신문과 드라마 병렬말뭉치에 나타난 '-고 있다'와 '아/어 있다'의 의미별 사용 양상을 분석하고 그들의 의미 기능에 따른 중국어의 대응 양상 및 특징을 살펴봤다. 또한 글말과 입말에서 '-고 있다'와 '-아/어 있다'의 의미별로 대응되는 중국어 표현을 분석하고 그 가운데 어떤 대응 표현이 많이 나타나는지 살펴보면서 그들 간에 대응 규칙이나 차이점을 밝혔다. 마지막으로 '-고 있다'와 '-아/어 있다'에 대응되는 같은 중국어 표현의 의미를 살펴봤다.

제5장에서는 드라마 병렬말뭉치에 출현한 접미사 사동을 살펴보고 접미사 사동의 유형과 격틀에 따른 중국어의 대응 양상 및 특징을 살펴봤다. 먼저 접미사 사동의 어근 유형과 격틀을 분석하고 비교해 봤다. 그런 다음 '자동사 어근', '타동사 어근', '형용사 어근'의 유형과 격틀에 따른 중국어 사동의 양상과 특징을 밝혔다. 특히 그들 간에 왜 그런 대응 경향성이 나타나는지 해석해 봤다.

제6장에서는 글말 자료인 신문 병렬말뭉치와 입말 자료인 드라마 병렬말뭉치에 나타난 한국어 사동 표현을 분석하고 그와 중국어 무표지 어휘 사동의 대응 양상 및 특징을 살펴봤다. 또 글말과 입말에서 한국어 사동 표현을 중국어 무표지 어휘 사동으로 번역할 때의

대응 양상의 차이점도 확인하고 경향성도 밝혔다. 특히 각각의 대응 양상이 나타나는 원인도 해석해 봤다.

이 책은 병렬말뭉치라는 키워드로 지난 몇 년의 연구를 돌아보는 반성적인 작업이기도 하고 다시금 새로운 출발을 다짐하게 되는 계기가 되기도 했다. 이번에 발간하는 연구 성과 모음들이 향후 자료 분석 기반의 한중 대조 연구를 이끄는 작은 역할을 하기를 기대한다. 마지막으로 한국 국제 교류재단의 지원을 받아 이 책이 세상에 나올 수 있게 된 것에 깊은 감사를 표하고 싶다. 그리고 언제든지 도움을 아끼지 않았던 후배 정효진에게도 감사 인사를 전한다. 마지막으로 이 책을 출간하는 데에 도움을 주신 학고방에 감사를 드린다.

제 1 장

한국어 부사격 조사 '-(으)로'의 의미 기능에 따른 중국어의 대응 양상 연구

1. 머리말

본 연구는 신문과 드라마 병렬말뭉치에 나타난 실제적 언어 자료를 통해 한국어 부사격 조사 '-(으)로'의 의미를 살펴보고 다양한 의미 기능에 따른 중국어의 대응 양상 및 특징을 밝히는 데 목적을 둔다. 독립어인 중국어와 비교해 볼 때, 첨가어인 한국어는 조사가 많이 발달되어 있으므로 중국인 한국어 학습자가 한국어를 배울 때 어려움을 겪는다. 그중 가장 어려운 것은 하나의 형태로 다양한 의미를 가지는 조사들이다. 부사격 조사 '-(으)로' 또한 그러한 특성을 가지기 때문에 이를 학습하거나 이를 사용하여 의사소통을 하려는 한국어 학습자에게 어려움을 야기하게 된다. 그래서 다양한 의미를 가지고 있는 부사격 조사 '-(으)로'가 실제 생활에서 어떤 의미로 많이 쓰이는지를 밝혀야 한다. 특히 중국인 한국어 학습자에게는 각각의 의미들이 중국어의 어떤 표현과 대응되어 쓰이는지 그 경향성을 보여줘야 한다. 이런 의미에서 중국인 한국어 학습자에게 특화된 부사격 조사 '-(으)로'의 교육이 언어 학습의 관점에서 보면 매우 중요하다. 따라서 본 연구에서는 신문 병렬말뭉치와 드라마 병렬말뭉치를 분석하여 부사격 조사 '-(으)로'의 복잡한 표현을 의미별로 중국어와 대조적인 관점에서 기술하고 분석하고자 한다. 특히 병렬말뭉치의 분석 결과와 교재에서 소개되는 '-(으)로'의 의미를 비교 분석하여 용법 및 의미상의 보완점을 제시하겠다.

본 연구에서는 글말 자료인 신문 병렬말뭉치 약 30만 어절과 입말 자료인 드라마 병렬말뭉치 약 30만 어절을 합한 총 60만여 어절규모의 한중 병렬말뭉치를 사용하여 부사격 조사 '-(으)로'의 용례 18,678개를 추출하였다.[1] 아래에서는 추출한 용례를 각각 살펴서 고빈도로 사용되는 의미와 용법을 분석하고 비교하겠다. 그리고 신문과 드라마 병렬말뭉치에서 각 의미를 가진 '-(으)로'는 중국어로 어떻게 번역되어 대응되는지, 또한 중국어의 무슨 표현과 많이 대응되는지도 살펴보고자 한다. 특히 왜 그들 간에 그런 대응 현상이 일어나는지도 해석해 보겠다. 마지막으로 그들 간에 대응 양상을 글말과 입말로 나누어 제

---

1) 본 연구에서 사용하는 신문과 드라마 병렬말뭉치의 정보와 용례의 처리 방법은 다음과 같다.

〈표 1〉 한중 신문 병렬말뭉치

신문 출처	분야	어절 수
〈중앙일보〉 〈조선일보〉	뉴스	68,092
	경제	65,028
	문화	58,740
	연예	51,253
	체육	57,058
총 어절 수		300,171

시함으로써 부사격 조사 '-(으)로' 관련 번역이나 의사소통 교육에 실질적으로 도움이 되는 기반 자료를 제공하게 될 것이다.

2. 선행 연구

한국어 부사격 조사 '-(으)로'에 대한 연구가 많지만 조사 '-(으)로'에 대응되는 중국어 표현의 대조 연구는 많지 않다. 대부분의 기존 연구는 중국인 학습자를 대상으로 한 부사격 조사 오류 연구이거나 교육 방안과 관련하여 '-(으)로'와 중국어 개사의 대응 결과를 정리한 것으로 나타났다. 조사 '-(으)로'에 대응되는 중국어 표현에 대해서는 王宗妍(2009), 高菲(2009), 왕엽(2011), 대문(2011), 소령령(2012), 백설(2012), 번웨이샤(2013), ZHAO XUEFENG(2017), 설교·박덕유(2019) 등의 연구에서 언급하였다. 먼저 王宗妍(2009)에서

〈표 2〉 한중 드라마 병렬말뭉치

드라마		편수	드라마		편수
〈49일〉	SBS (2011)	20	〈꽃보다 남자〉	KBS2 (2009)	25
〈환상의 커플〉	MBC (2006)	16	〈추적자〉	SBS (2012)	16
〈개인의 취향〉	MBC (2010)	16	〈착한 남자〉	SBS (2000)	20
〈공부의 신〉	KBS2 (2010)	16	〈여왕의 교실〉	MBC (2013)	1
〈마왕〉	KBS2 (2007)	1	〈여인의 향기〉	SBS (2011)	1
총 어절 수			323,678		

〈표 1〉과 〈표 2〉의 병렬말뭉치를 먼저 Editplus3, U-tagger, U-taggerCorrector 프로그램을 사용하여 신문과 드라마 병렬말뭉치에서의 '-(으)로'와 대응되는 중국어 대응 표현의 용례 18,678개를 추출하였다. 신문과 드라마 병렬말뭉치에서 나타난 '-(으)로'의 용례는 각각 10,265개, 8,413개이다. 다음 수동으로 모든 예문을 여러 번 확인하였다.

는 한국어 부사격 조사 '~에, ~에게, ~에서, (으)로'의 용법과 의미를 살펴보고, 그에 대응하는 중국어 개사를 살펴보았고 高菲(2009)에서는 '~에, ~에게, ~에서, (으)로'의 다양한 의미 기능에 따라 그에 대응하는 중국어 개사를 분석하였다. 왕엽(2011)은 중급 중국어권 학습자의 조사로 사용 오류 분석과 교육 방안을 살펴보았는데 그중에 '(으)로'에 대응되는 중국어도 정리하였다. 대문(2011)에서는 '~에, (으)로' 두 조사의 의미 기능을 검토하고 각각에 대한 중국어 대응 표현과 대응 규칙을 살펴보았다. 소령령(2012)는 중국인 학습자를 위한 조사 교육 연구에서 중급 중국어 학습자 80명을 대상으로 하여 중국인 학습자의 조사 오류 양상을 설문 조사하고 이를 분석하였다. 백설(2012)에서는 부사격 조사 '~에, ~에서, (으)로'의 용법과 의미를 살펴보고, 그에 대응하는 중국어 개사를 비교 분석하였다. ZHAO XUEFENG(2017)에서는 중국인 학습자들이 한국어 조사 '(으)로'의 의미와 용법에 대해 살펴보고 교육 방안을 제시하였다. 번웨이샤(2013)은 한국어 조사 '(으)로'가 중국어 개사와 대응되는 표현 형태 및 문장에서 이루는 다양한 통사 정보를 대조 분석하였다. 설교·박덕유(2019)는 소설 병렬말뭉치에서 나타난 한국어 부사격 조사 '에'와 '로/으로'의 의미 기능을 살펴보고, 이중 사용 빈도가 높은 의미 항목을 선정하여 이에 대응되는 중국어 표현을 고찰한다고 하였다. 그중 '로/으로'의 360개 예문을 분석해서 중국어와 대응되는 8가지 표현만 언급하였다.

이상의 기존 연구를 살펴보았을 때 한국어 부사격 조사 '-(으)로'에 대응되는 중국어에 집중한 연구는 단 한 편이라고 할 수 있다. 국립국어원 한국어 학습자 말뭉치의 형태소 빈도 현황에 따르면 부사격 조사 '-(으)로'의 사용 빈도는 3위를 차지한다고 한다. 그러므로 사용 빈도가 높은 부사격 조사 '-(으)로'에 대응되는 중국어 표현에 관한 연구가 더 많이 이루어져야 한다. 또한 기존 연구에서 부사격 조사 '-(으)로'와 중국어 개사에 대응되는 연구 결과를 많이 언급했는데 과연 '-(으)로'는 중국어 개사에만 대응되고 있는지도 확인할 필요가 있다. 마지막으로 기존 연구에서 언급한 각 '-(으)로'의 의미에 대응되는 중국어 표현이 일관되지 않은 현상이 나타났는데, 이에 대해 정리해 본 결과는 다음 〈표 3〉과 같다.

〈표 3〉 선행 연구에서의 '-(으)로'와 중국어의 대응 표현 정리 결과

'-(으)로'의 의미	王宗姸 (2009)	高菲 (2009)	왕엽 (2011)	대문 (2011)	소령령 (2012)	백설 (2012)	번웨이샤 (2013)	ZHAO XUEFENG (2017)	설교·박덕유 (2019)
-(으)로[1] 「움직임의 방향」	從/向/朝/往/到	向/朝/往/到/從	從		向/朝/往	往/朝/到	向/朝/到	向/朝/往/대응없음	往/上/到/대응없음
-(으)로[2] 「움직임의 경로」	向/朝/往/到				從	從/由	從, 經(由)	從, 經(由)	從/由/대응없음
-(으)로[3] 「변화의 결과」	成	成	成	成			대응없음	變成/變化	대응없음
-(으)로[4] 「재료나 원료」	用/由	被/由/用	被/由/用	被/由	用	由/拿	用/拿	用/坐	用/搭/坐/由
-(으)로[5] 「수단·도구」	用		用		用		(使)用, 拿		

'-(으)로'의 의미	王宗妍 (2009)	高菲 (2009)	왕엽 (2011)	대문 (2011)	소령령 (2012)	백설 (2012)	번웨이이샤 (2013)	ZHAO XUEFENG (2017)	설교·박덕유 (2019)
-(으)로[6] 「방법이나 방식」	用	以/在/從		以/用/在…上/從…來看/대응 없음	以	以	用/拿/以/通過	以	被/以/得/地/爲/靠
-(으)로[7] 「원인이나 이유」	由(於)/因/因爲	由於/因	因		因	由(於)/因(爲)		由於/因爲	由於/因爲/因
-(으)로[8] 「지위나 신분, 자격」	爲/以	爲/以	爲			爲/以	當/以/(作)爲	以/爲,	作爲/當/爲
-(으)로[9] 「시간」	在/到/自從	到/自從			在/到	到/在/自從/自/打	到…(爲止)/從/自從/打…(開始)/在/到	在/從/到	대응 없음
-(으)로[10] 「시간을 셈할 때 셈에 넣는 한계」									
-(으)로[11] 「특정한 동사와 같이 쓰여 대상을 나타냄」						讓/用/被/和/跟			
-(으)로[12] 「약속이나 결정」									

'-(으)로'의 의미	王宗妍 (2009)	高菲 (2009)	왕엽 (2011)	대문 (2011)	소령령 (2012)	백설 (2012)	번웨이샤 (2013)	ZHAO XUEFENG (2017)	설교· 박덕유 (2019)
-(으)로[13] 「생각하는 바임」		爲/成		爲/成/ 把 … 成					

　기존 연구에서 각 학자들이 분석한 결과는 왜 서로 크게 다르게 나타났을까? 뿐만 아니라 '-(으)로' 의미에 대해서도 모두 분석한 연구가 드물었다. 이에 대해 자세히 살펴보면 기존 연구에서 쓰인 예문들과 직접적인 관련이 있다. 즉, 대조 분석 결과는 사용한 한중 예문의 분석 결과라고도 할 수 있는데, 어떤 논문은 쓰인 예문의 출처를 밝히지 않았고 또 어떤 논문은 예문을 직접 번역해서 쓰기도 했다. 예를 들면 소령령(2012)에서는 중급 중국인 학습자 80명을 대상으로 조사 오류 양상을 설문 조사한 후 그 결과물을 분석하였다. 또한 어떤 논문은 사전이나 교재에 출현한 예문을 분석하였다. 예를 들면 대문(2011)에서 쓰인 예문은『네이버 사전』, 논문이나 한국어 교재에 수록된 텍스트를 활용한다고 했다. 즉, 연구 대상이 되는 한중 예문 텍스트의 객관성과 체계성이 확보되지 않으면 분석 결과의 객관성과 체계성이 떨어질 수밖에 없다. 말뭉치와 같은 실제 자료로 분석해야 그 분석 결과가 한 층 더 체계적이고 객관적으로 나타날 수 있으며 또한 중국인 한국어 학습자에게 실제 도움이 되는 자료가 되고 기존 연구 결과를 보완할 수도 있다. 하지만 작은 규모인 병렬 말뭉치에서 나오는 적은 예문을 분석하면 그 연구 결과도 객관적이지 않을 수 있다. 예를 들면 설교·박덕유(2019)는 소설 병렬말뭉치에서만 나타난 '로/으로'의 360개 예문을 분석했다. 그 결과 '로/으

로'의 의미는 8개로 나타났고 그에 대응되는 중국어 표현 또한 8가지 표현만 언급하였다. 그리고 소설 병렬말뭉치에는 문어체도 있고 구어체도 있으므로 순수한 글말 분석 자료로 보기 힘들다. 따라서 지금까지 같은 규모인 글말과 입말의 한중 병렬말뭉치를 사용하여 각 '-(으)로' 의미에 대응되는 중국어 표현에 대해 분석한 연구가 아직까지는 충분히 이루어졌다고 보기 어렵다. 이를 보완하고 부사격 조사 '-(으)로'의 중국어 대응 양상을 밝히기 위해서는 실제 병렬 번역된 자료를 전반적으로 분석하고 언어생활에서 자주 사용하는 다양한 부사격 조사 '-(으)로'의 용례를 통해 밝힘으로써 그들 간에 실제 대조 양상을 객관적으로 보여주는 연구 접근이 필요하다. 그러므로 본 연구에서는 실제적 언어 자료를 통해 한국어 부사격 조사 '-(으)로'의 의미에 따른 중국어 대응 표현의 양상과 특징을 알아보고자 한다. 이를 위해 본 연구는 각 30만 어절의 한중 글말과 입말 병렬말뭉치에서 추출한 한국어 부사격 조사 '-(으)로'의 용례 18,678개를 분석 대상으로 한다. 또한 본 연구의 대상이 되는 한국어 부사격 조사 '-(으)로'의 의미가 사전이나 선행 연구에 따라 기준이 다를 수 있기 때문에 본 연구에서는 『표준국어대사전』에서 나타난 '로[06]'의 13가지 의미를 기준으로 분석하겠다. 자세한 내용은 다음 〈표 4〉와 같다.

〈표 4〉 『표준국어대사전』에서 나타난 '-로[06]'의 의미

1	움직임의 방향을 나타내는 격 조사
	¶어디로 가는 것이 좋겠어요?
2	움직임의 경로를 나타내는 격 조사
	¶서울에서 대구로 해서 부산에 갔다.

18

3	변화의 결과를 나타내는 격 조사
	¶영희가 현숙한 처녀로 성장했다.
4	어떤 물건의 재료나 원료를 나타내는 격 조사
	¶나무로 집을 짓는다.
5	어떤 일의 수단·도구를 나타내는 격 조사
	¶과일을 칼로 자르다.
6	어떤 일의 방법이나 방식을 나타내는 격 조사
	¶우리는 연필을 낱개로도 판다.
7	어떤 일의 원인이나 이유를 나타내는 격 조사. '말미암아', '인하여', '하여' 등이 뒤따를 때가 있다.
	¶이번 겨울에는 감기로 고생했다.
8	지위나 신분 또는 자격을 나타내는 격 조사
	¶그는 부잣집의 막내로 태어났다.
9	시간을 나타내는 격 조사
	¶오늘 이후로 규칙적으로 생활하겠다.
10	시간을 셈할 때 셈에 넣는 한계를 나타내는 격 조사
	¶서울에 온 지 올해로 십 년이 된다.
11	특정한 동사와 같이 쓰여 대상을 나타내는 격 조사. '하여금'을 뒤따르게 하여 시킴의 대상이 되게 하거나, '더불어'를 뒤따르게 하여 동반의 대상이 되게 한다.
	¶나로 하여금 정의와 진리를 위해 헌신하게 하소서.
12	(('-기로 … 하다' 구성으로 쓰여))약속이나 결정을 나타내는 격 조사
	¶그와 내일 만나기로 약속했다.
13	((주로 인지나 지각을 나타내는 말과 함께 쓰여))어떤 사물에 대하여 생각하는 바임을 나타내는 격 조사
	¶그는 나를 바보로 여긴다.

3. 병렬말뭉치에 나타난 부사격 조사 '-(으)로'의 의미 분석

신문과 드라마의 병렬말뭉치의 규모가 같더라도 출현한 '-(으)로'
의 용례는 각기 다르다. 아래의 3.1절과 3.2절에서는 글말과 입말에서
사용된 '-(으)로'의 용례 각 10,265개와 8,413개의 의미와 사용상의
차이점을 분석하고자 한다.

3.1 신문 병렬말뭉치에서의 '-(으)로'의 의미 분석 결과

신문 병렬말뭉치에서 10,265개 '-(으)로'의 용례를 분석한 결과,
'-(으)로' 13가지 의미 중에서 9가지 의미가 사용된 것으로 나타났다.
즉, '-(으)로[1]'「움직임의 방향」, '-(으)로[3]'「변화의 결과」, '-(으)[5]'
「수단·도구」, '-(으)로[6]'「방법이나 방식」, '-(으)로[7]'「원인이나 이
유」, '-(으)로[8]'「지위나 신분, 자격」, '-(으)로[9]'「시간」, '-(으)로[12]'
「약속이나 결정」, '-(으)로[13]'「생각하는 바임」이다. 의미별 대표적인
예문은 다음과 같다.

  (1) '-(으)로[1]'「움직임의 방향」
      한국팀은 27일 베이스캠프가 있는 루스텐버그로 돌아갔다.
      〈조선일보 체육〉
      韓國隊於 27日返回大本營所在地勒斯滕堡。

  (2) '-(으)로[3]'「변화의 결과」
      반면 소니는 1월 27.1%였던 북미 스마트 TV시장 점유율이
      5월 13.8%로 하락했다. 〈조선일보 경제〉
      相反, 索尼的市場份額從1月的27.1%下降至5月的13.8%。

(3) '-(으)로[5]「수단·도구」

두산그룹 관계자는 "한국인 임원들이 다수인 회의는 한국어
로 진행하고, 외국인 임원에게는 동시통역을 붙여준다"고 말
했다. 〈조선일보 경제〉

鬥山集團相關人士表示：“如果是韓國職員較多的會議，
將會使用韓語，並給外國職員安排翻譯人員。”

(4) '-(으)로[6]「방법이나 방식」

삼성전자는 작년 말 기준으로 박사 학위를 가진 임직원이
4500명에 이른다고 23일 밝혔다. 〈조선일보 경제〉

三星電子23日表示，以去年年末爲准，擁有博士學位的員
工人數達4500人。

(5) '-(으)로[7]「원인이나 이유」

전반 종료 직전 이청용의 만회골로 기세가 오른 한국은 후반
에 과감한 공격을 시도했다. 〈조선일보 체육〉

上半場補時階段由李菁龍巧射扳回一球，　這讓韓國隊士
氣大振，下半場一開場果敢采取攻勢。

(6) '-(으)로[8]「지위나 신분, 자격」

안영학도 정대세처럼 일본에서 태어난 재일교포로 현재 북한
축구대표팀에 속해있다. 〈조선일보 체육〉

安英學和鄭大世一樣，是在日本出生的旅日僑胞，目前均
代表北韓出戰世界杯。

(7) '-(으)로[9]「시간」

그게 올해로 중·일 수교 40년, 또 오는 24일로 한·중 수교
20년을 맞는 한·중·일 3국의 상생을 위해서도 꼭 필요한 일
일 것이다. 〈중앙일보 뉴스〉

今年是中日建交40周年，並且本月24日就是韓中建交20周年。
即便是爲了韓中日三國的共同發展，更需如此。

(8) '-(으)로[12]'「약속이나 결정」
구체적인 인수가격은 다음 달 사업보고서 공시 이후 주가를
감안해 결정하기로 했다. 〈중앙일보 경제〉
雙方決定具體收購價格將在下個月勘探報告書公布以後
再進行協商。

(9) '-(으)로[13]'「생각하는 바임」
소녀시대의 일본 데뷔 공연에는 2만 명의 일본 팬이 몰릴 것
으로 예상된다. 〈중앙일보 음악〉
預計少女時代的日本首場演出將會吸引兩萬名日本歌迷。

예문 (1-9)는 각각의 '-(으)로'의 9가지 의미의 예문들이다. 이처럼
신문 병렬말뭉치에 나타난 '-(으)로'의 9가지 의미에 대해 분석한 각
의미의 빈도 양상은 다음 〈표 5〉와 같다.

〈표 5〉 신문 병렬말뭉치에서의 '-(으)로'의 의미 빈도 양상

'-(으)로'의 의미	빈도	비율
'-(으)로[1]'「움직임의 방향」	619	6%
'-(으)로[3]'「변화의 결과」	2,074	20%
'-(으)로[5]'「수단·도구」	814	8%
'-(으)로[6]'「방법이나 방식」	1,715	17%
'-(으)로[7]'「원인이나 이유」	719	7%
'-(으)로[8]'「지위나 신분, 자격」	917	9%
'-(으)로[9]'「시간」	710	7%

'-(으)로'의 의미	빈도	비율
'-(으)로[12]' 「약속이나 결정」	783	7%
'-(으)로[13]' 「생각하는 바임」	1,914	19%
합계	10,265	100%

위에서 보듯이 신문 병렬말뭉치에서 나타난 '-(으)로'의 의미 빈도
가 다르게 출현하였다. 그중 '-(으)로[3]', '-(으)로[13]', '-(으)로[6]'은 1,000
번 이상 높게 나타났다. 즉, '변화의 결과, 어떤 사물에 대하여 생각하
는 바임, 어떤 일의 방법이나 방식' 이 3가지 의미가 고빈도로 사용되
어 신문과 같은 글말에서는 이 3가지 의미를 주로 많이 쓴다는 것을
알 수 있다. 반면, '-(으)로[2]', '-(으)로[4]', '-(으)로[10]', '-(으)로[11]'은 출현
하지 않았다. 즉, 신문과 같은 글말에서 이 4가지 의미가 거의 쓰이지
않았다는 것을 알 수 있다. 고빈도 용법에 대해 더 자세히 살펴보면
'-(으)로[3]'은 주로 변화의 결과를 표현하는 숫자의 뒤에서 '낮추다,
하락하다, 증가되다, 늘다, 떨어지다, 줄다 … '와 같은 동사와 함께
쓰이는 경향이 있다. 이를 통하여 이런 서술어와 숫자 사이에 '-(으)
로'가 있으면 '-(으)로'의 의미는 변화의 결과인 것을 알 수 있다. 다
음 '-(으)로[13]'을 살펴보면 다음과 같은 구조가 많이 나타났다. '-(으)
ㄹ 것으로, -(ㄴ)는 것으로' + '알려지다, 예상하다(예상되다), 보이다,
인정되다, 기대되다 … '이다. 따라서 한국어 학습자가 이런 구조를
미리 안다면 글에서 '-(으)로[13]'의 의미 오류를 예방할 수 있다. 마지
막으로 '-(으)로[6]'을 살펴보면 주로 '조건, 기준, 방식 … ' 등과 같은
어휘 뒤에 붙어서 자주 쓰인다.

3.2 드라마 병렬말뭉치에서의 '-(으)로'의 의미 분석 결과

드라마 병렬말뭉치에서 8,413개 '-(으)로'의 용례를 분석한 결과, '-(으)로' 13가지 의미 중에서 11가지 의미가 사용된 것으로 나타났다. 즉, '-(으)로[1]'「움직임의 방향」, '-(으)로[3]'「변화의 결과」, '-(으)로[4]'「재료나 원료」, '-(으)로[5]'「수단·도구」, '-(으)로[6]'「방법이나 방식」, '-(으)로[7]'「원인이나 이유」, '-(으)로[8]'「지위나 신분, 자격」, '-(으)로[9]'「시간」, '-(으)로[10]'「시간을 셈할 때 셈에 넣는 한계」, '-(으)로[12]'「약속이나 결정」, '-(으)로[13]'「생각하는 바임」이다. 각 대표적인 예문은 다음과 같다.

(10) '-(으)로[1]'「움직임의 방향」
고향<u>으로</u> 내려가세요? 〈공부의 신 16회〉
您要回老家去嗎？

(11) '-(으)로[3]'「변화의 결과」
그 녀석을 고아<u>로</u> 만든 건 … 〈개인의 취향 16회〉
把那家夥變成孤兒的 …

(12) '-(으)로[4]'「재료나 원료」
아니, 똑같은 그림<u>으로</u> 무슨 병풍을 만들어요. 〈마왕 1회〉
不,用同樣的畫作什麼屏風？

(13) '-(으)로[5]'「수단·도구」
가위<u>로</u> 자르는 겁니다. 〈개인의 취향 14회〉
用剪刀剪掉。

(14) '-(으)로[6]'「방법이나 방식」
항상 그런 식<u>으로</u> 일처리 하십니까?

常用那種方式處理事情嗎？　　　　　　　　　〈환상의 커플 8회〉

(15) '-(으)로7' 「원인이나 이유」

저는 교통사고로 기억을 잃었습니다. 〈추적자 2회〉

我因交通事故失去了記憶。

(16) '-(으)로8' 「지위나 신분, 자격」

한 사람의 아내로 살아가고 싶어요. 〈49일 12회〉

想做一個人的妻子而活著。

(17) '-(으)로9' 「시간」

내일로 미루자고 언니한테 전화 해야지. 〈개인의 취향 10회〉

要給姐姐打電話說把那個推遲到明天。

(18) '-(으)로10' 「시간을 셈할 때 셈에 넣는 한계」

일주일 내로 방 빼. 〈꽃보다 남자 24회〉

一周內搬出房間。

(19) '-(으)로12' 「약속이나 결정」

강마루를 따라가기로 하셨습니까? 〈착한 남자 1회〉

決定跟著薑馬陸去嗎？

(20) '-(으)로13' 「생각하는 바임」

그러면 하루 까는 걸로 알고 간다. 〈49일 12회〉

那麼就算是減一天吧, 我先走了。

　예문 (10-20)은 각각의 '-(으)로'의 11가지 의미의 예문들이다. 이처럼 드라마 병렬말뭉치에 나타난 '-(으)로'의 11가지 의미에 대해 분석한 각 의미의 빈도 양상은 다음 〈표 6〉과 같다.

<표 6> 드라마 병렬말뭉치에서의 '-(으)로'의 의미 빈도 양상

'-(으)로'의 의미	빈도	비율
'-(으)로[1]' 「움직임의 방향」	1,321	16%
'-(으)로[3]' 「변화의 결과」	718	8%
'-(으)로[4]' 「재료나 원료」	188	2%
'-(으)로[5]' 「수단·도구」	704	8%
'-(으)로[6]' 「방법이나 방식」	1,660	20%
'-(으)로[7]' 「원인이나 이유」	517	6%
'-(으)로[8]' 「지위나 신분, 자격」	805	10%
'-(으)로[9]' 「시간」	298	4%
'-(으)로[10]' 「시간을 셈할 때 셈에 넣는 한계」	429	5%
'-(으)로[12]' 「약속이나 결정」	1,054	12%
'-(으)로[13]' 「생각하는 바임」	719	9%
합계	8,413	100%

분석 결과에 따르면 드라마 병렬말뭉치에서 나타난 '-(으)로'의 의미 빈도가 다르게 출현하였는데, 그중 '-(으)로[6]', '-(으)로[1]', '-(으)로[12]'의 의미가 높게 나타났다. 즉, 드라마와 같은 입말에서 '방법이나 방식, 방향, 약속이나 결정' 이 3가지 의미가 많이 사용되는 경향성을 보인다. '-(으)로[8]', '-(으)로[3]', '-(으)로[5]', '-(으)로[13]'은 비슷한 빈도로 나타나 입말에서 '-(으)로'가 더 다양한 방식으로 사용됨을 보여주었다. 즉, 글말보다 입말에서 더 다양한 의미로 '-(으)로'를 사용함을 알 수 있다. 사용되지 않은 의미로는 '-(으)로[2]'와 '-(으)로[11]'이 나타나지 않았다. 즉, 입말에서 이 2가지 의미를 잘 쓰지 않는다는 것을 예측할 수 있다. 사용되는 '-(으)로'의 용법에 대해 더 자세히 살펴보면 '-(으)로[6]'은 주로 '생각, 기분, 근거, 그런 식…' 등 어휘 뒤에 붙어서 쓰였다. '-(으)로[1]'은 주로 '공항, 고향, 그 쪽…' 등 장소 명사

와 방향 명사 뒤에 붙어서 쓰였다. '-(으)로[12]'는 '-는 걸로 하다, -기로 하다'와 같은 형식으로 많이 나타났다. '-(으)로[13]'의미는 주로 다음과 같은 형식으로 많이 출현하였는데, '-(을)ㄹ 걸로, -(ㄴ)는 걸로'+ '알고 있다, 알려지다, 보이다, 인정하다 … '이다. 이런 분석 결과를 한국어 학습자에게 알려주면 의사소통 능력을 향상시킬 수 있다. 뿐만 아니라 한국어 교사에게도 유용한 정보가 될 것이다.

3.3 신문과 드라마 병렬말뭉치에서의 '-(으)로'의 의미 분석 결과 비교

3.1절과 3.2절에서 각 신문과 드라마 병렬말뭉치에서 출현한 '-(으)로'의 의미에 대해 분석하였다. 분석한 결과를 정리하면 다음과 같다.

〈표 7〉 신문과 드라마 병렬말뭉치에서의 '-(으)로'의 의미 분석 결과

'-(으)로'의 의미	신문 병렬말뭉치	드라마 병렬말뭉치
'-(으)로[1]' 「움직임의 방향」	619	1,321
'-(으)로[3]' 「변화의 결과」	2,074	718
'-(으)로[4]' 「재료나 원료」	0	188
'-(으)로[5]' 「수단·도구」	814	704
'-(으)로[6]' 「방법이나 방식」	1,715	1,660
'-(으)로[7]' 「원인이나 이유」	719	517
'-(으)로[8]' 「지위나 신분, 자격」	917	805
'-(으)로[9]' 「시간」	710	298
'-(으)로[10]' 「시간을 셈할 때 셈에 넣는 한계」	0	429
'-(으)로[12]' 「약속이나 결정」	783	1,054
'-(으)로[13]' 「생각하는 바임」	1,914	719
합계	10,265	8,413

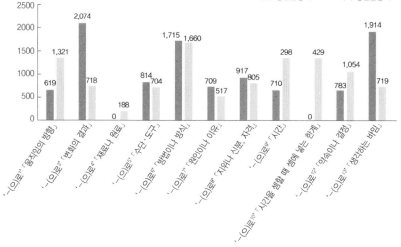

〈그림 1〉 신문과 드라마 병렬말뭉치에서의 '-(으)로'의 의미 분석 결과

분석 결과에 의하면 글말이나 입말에서 '-(으)로'의 13가지 의미 중 11가지의 의미 용례를 찾을 수 있었으며 2가지 의미 '-(으)로²'와 '-(으)로¹¹'는 나타나지 않았다. 이로 미루어 볼 때 해당 의미는 자주 쓰이지 않는다는 것을 추측할 수 있다. 그리고 신문보다는 드라마 병렬말뭉치에서 '-(으)로'의 의미가 더 다양하게 출현하였다. 글말에서 나타나지 않은 '-(으)로⁴'와 '-(으)로¹⁰'은 입말에서 주로 사용되는 경향을 보인다. '-(으)로⁶'은 글말에서나 입말에서 모두 잘 쓰이는 것으로 나타난 반면, '-(으)로³'과 '-(으)로¹³'은 입말보다는 글말에서 더 많이 사용되는 것을 볼 수 있었다. 마지막으로 글말과 입말의 예문 각각 10,265개, 8,413개에 대해 분석했는데 결과를 보면 글말보다는 입말에서 다양한 '-(으)로'의 의미를 사용하는 경향성을 보인다. 이렇게 글말과 입말을 구분하여 분석한 결과는 한국어 학습자에게 '-(으)로'를 학습하거나 의사소통할 때 실제적인 도움이 될 것이다.

한편 한국어 교재에서 사용되는 '-(으)로' 대해서도 살펴보았는데 주로 초급에서 '-(으)로¹', '-(으)로³', '-(으)로⁴', '-(으)로⁵', '-(으)로¹²' 5가지 의미를 제시하는 것으로 조사되었다.[2] 따라서 한국어 학습자들은 주로 이 5가지 의미를 배우는 것이다. 그러나 말뭉치에서 분석한 결과에 따르면 '-(으)로³', '-(으)로⁶', '-(으)로¹³'의미가 고빈도로 출현하여 실제 생활에서 이 3가지 의미가 가장 많이 사용된다고 볼 수 있다. 그렇지만 한국어 교재에서 '-(으)로⁶', '-(으)로¹³'이 2가지 의미를 배울 수가 없다. 이에 따라 교재와 말뭉치에서 나타난 '-(으)로'의 의미 차이를 볼 수 있다.

4. 병렬말뭉치에서 부사격 조사 '-(으)로'의 의미 기능에 따른 중국어의 대응 양상

4.1 신문 병렬말뭉치에서 '-(으)로'의 중국어 대응 양상

앞서 보았듯이 신문 병렬말뭉치에서는 '-(으)로'가 9가지 의미로 나타났다. 그럼 각 '-(으)로'의 의미는 어떤 중국어와 대응되는지 다음 예문을 통하여 살펴보고자 한다.

(21) '-(으)로¹'의 중국어 대응 양상
　　　한국팀은 27일 베이스캠프가 있는 루스텐버그로 돌아갔다.
　　　〈조선일보 체육〉
　　　韓國隊於27日返回大本營所在地勒斯滕堡。

---

2) 본 연구는 교재 문법 항목에만 나타난 '-(으)로'를 살펴봤다.

(22) '-(으)로³'의 중국어 대응 양상

　ㄱ. 코스피지수가 1700대**로** 내려간 것은 작년 12월 이후 처
　　음이다. 〈조선일보 경제〉

　　KOSPI指數跌破1700點是去年12月以後的第一次。

　ㄴ. 브라질 비중도 10.79%에서 16.94%**로** 증가했다. 〈조선일보 경제〉

　　對巴西的投資比重也從10.79%, 增加**到**16.94%。

　ㄷ. 그러나 20대(20~29세)의 실업률은 8.2%**로** 지난해 7월의
　　8%보다 0.2%포인트 늘었다. 〈중앙일보 경제〉

　　但20來歲(20~29歲)的青年失業率**爲**8.2%,比去年的8%
　　增長了0.2個百分點。

　ㄹ. 반면 소니는 1월 27.1%였던 북미 스마트 TV시장 점유율
　　이 5월 13.8%**로** 하락했다. 〈조선일보 경제〉

　　相反, 索尼的市場份額從1月的27.1%下降**至**5月的13.8%。

　ㅁ. 올해 1~5월 바나나 수입량은 16만8000t**으로** 작년보다
　　10% 늘었다. 〈중앙일보 경제〉

　　今年前5個月香蕉進口量**達**16.8萬噸, 比去年增加10%。

(23) '-(으)로⁵'의 중국어 대응 양상
두산그룹 관계자는 "한국인 임원들이 다수인 회의는 한국어
로 진행하고, 외국인 임원에게는 동시 통역을 붙여준다"고 말
했다. 〈조선일보 경제〉

鬥山集團相關人士表示：“如果是韓國職員較多的會議,
將會**使用**韓語,並給外國職員安排翻譯人員。”

(24) '-(으)로⁶'의 중국어 대응 양상

　ㄱ. 호주 연방법원은 12일 이번 판결의 일부 내용이 양측에

비공개로 전달된 뒤 이튿날인 14일 공표될 수 있다고 설명했다. 〈중앙일보 경제〉

澳大利亞聯邦法院解釋說將在10月12日把本次判決的部分內容私下傳達給雙方後, 在兩天後的14日公布。

ㄴ. 삼성전자는 작년 말 기준으로 박사 학위를 가진 임직원이 4500명에 이른다고 23일 밝혔다. 〈조선일보 경제〉

三星電子23日表示,以去年年末爲准,擁有博士學位的員工人數達4500人。

(25) '-(으)로7'의 중국어 대응 양상

ㄱ. 특히 아르헨티나와의 2차전에선 자책골로 선취골을 내주는 불운을 겪었다. 〈조선일보 체육〉

特別是,在對陣阿根廷隊時,因他的烏龍球讓阿根廷隊率先打進一球。

ㄴ. 이는 유럽 재정위기의 충격으로 세계 경제의 불안감이 감돌면서 선박시장이 급속히 얼어붙었기 때문이다. 〈조선일보 경제〉

由於歐洲財政危機的沖擊, 世界經濟充滿不安, 導致船舶市場行情迅速惡化。

(26) '-(으)로8'의 중국어 대응 양상

ㄱ. 안영학도 정대세처럼 일본에서 태어난 재일교포로 현재 북한 축구 대표 팀에 속해있다. 〈조선일보 체육〉

安英學和鄭大世一樣,是在日本出生的旅日僑胞,目前均代表北韓出戰世界杯。

ㄴ. 세메냐는 2009년 베를린 세계육상선수권대회 여자 800m

에서는 1분55초45로 우승했다. 〈중앙일보 스포츠〉

在2009年的世界田徑錦標賽上,塞蒙婭以1分55秒45的
成績奪得800米第一。

(27) '-(으)로⁹'의 중국어 대응 양상
국내 건설사의 첫 해외 진출은 1965년 11月로 현대건설이 태
국에서 540만 달러짜리 도로공사를 수주한 게 처음이다. 〈조선
일보 경제〉
韓國建築公司打進海外市場是1965年11月現代建築在泰
國承包540萬美元的築路工程爲首次。

(28) '-(으)로¹²'의 중국어 대응 양상
구체적인 인수 가격은 다음 달 사업보고서 공시 이후 주가를
감안해결정하기로 했다. 〈중앙일보 경제〉
雙方決定具體收購價格將在下個月勘探報告書公布以後
再進行協商。

(29) '-(으)로¹³'의 중국어 대응 양상
소녀시대의 일본 데뷔 공연에는 2만 명의 일본 팬이 몰릴 것
으로 예상된다. 〈중앙일보 음악〉
預計少女時代的日本首場演出將會吸引兩萬名日本歌迷。

위 예문 (21)에서 '-로'는 중국어와 대응되는 표현이 없다. 즉, 중
국어로 번역할 때 '-(으)로¹'을 단독으로 번역하지 않는다는 것이다.
예문 (22ㄱ-ㅁ)에서 '-(으)로³'의 중국어 대역어는 각 '대응 없음, 到,
爲, 至, 達'이다. 즉, 글말에서 '-(으)로³'을 중국어로 번역할 때 이
4가지 표현으로 많이 대응되는 현상을 보인다. 그리고 문장에서의
위치를 비교할 때, '-(으)로'는 숫자 뒤에 있지만 중국어로 번역할 때

'-(으)로'의 대역어들은 숫자 앞에 와 있는 것을 볼 수 있다. 예문 (23)에서 '-(으)로⁵'는 중국어 '(使)用'로 번역되었다. 신문과 같은 글말에서 '-(으)로⁵'는 주로 '(使)用'로 번역된다는 것을 알 수 있다. 한국어 문장에서의 위치를 보면 '-(으)로⁵'는 '한국어' 뒤에 있지만 그의 중국어 대역어 '(使)用'는 '한국어' 앞에 와 있다. 예문 (24ㄱ)에서의 '-(으)로⁶'은 중국어로 잘 대응되지 않았다. 하지만 예문 (24ㄴ)에서 '-(으)로⁶'은 중국어 '以'와 잘 대응되었다. 예문 (25)에서의 '-(으)로⁷'은 각 중국어의 '因, 由於'와 잘 대응되었다. 예문 (26ㄱ-ㄴ)에서의 '-(으)로⁸'은 각 중국어의 '대응 없음, 以'와 잘 대응되었다. 예문 (27-29)에서의 '-(으)로⁹', '-(으)로¹²', '-(으)로¹³'은 각 중국어의 대응 없음으로 나타났다. 즉, 이 3가지 의미를 중국어로 번역할 때 잘 대응되지 않는 현상을 보인다.

이처럼 신문 병렬말뭉치에 나타난 '-(으)로'의 9가지 의미에 대응되는 중국어의 양상을 정리하면 다음 〈표 8〉과 같다.

〈표 8〉 '-(으)로'의 9가지 의미에 대응되는 중국어의 양상

'(으)로'의 의미	중국어의 대응 양상	빈도 양상
'-(으)로¹' 「움직임의 방향」	대응 없음	619
'-(으)로³' 「변화의 결과」	대응 없음	719
	到	574
	爲	486
	至	185
	達	110
'-(으)로⁵' 「수단·도구」	(使)用	814
'-(으)로⁶' 「방법이나 방식」	대응 없음	1,017
	以	698

'(으)로'의 의미	중국어의 대응 양상	빈도 양상
'-(으)로[7]' 「원인이나 이유」	因	487
	由(於)	232
'-(으)로[8]' 「지위나 신분, 자격」	대응 없음	558
	以	161
'-(으)로[9]' 「시간」	대응 없음	710
'-(으)로[12]' 「약속이나 결정」	대응 없음	783
'-(으)로[13]' 「생각하는 바임」	대응 없음	1,914
합계		10,265

　분석 결과에 의하면 '-(으)로[1]', '-(으)로[9]', '-(으)로[12]', '-(으)로[13]'의 의미는 중국어와 잘 대응되지 않는 현상을 보인다. 이에 따라 이 4가지 의미를 가진 '-(으)로'가 글말에서 중국어로 잘 번역되지 않는 모습을 그대로 보여주었다. 반면, '-(으)로[3]'은 중국어로 다양하게 대응되는 것으로 나타났다. 그 가운데 '대응 없음'도 있지만 중국어 '到, 爲, 至, 達'와도 잘 대응되었다. 이에 대해 더 살펴보면 중국어 '到'는 '동사, 개사, 조사' 등 여러 가지 의미가 있는데 여기에서는 조사로 쓰이고 있다. '到'의 뜻은 동작이 목적에 도달하거나 성취된 것을 나타내는데, 이 의미는 '-(으)로[3]'의 의미와 거의 일치하는 의미로 볼 수 있다. 이러한 이유로 '-(으)로[3]'이 '到'와 잘 대응된다는 것을 알 수 있다. 마찬가지로 대역어 '爲'에도 각 여러 가지 의미가 있는데 여기서는 동사로 쓰인다. '爲'의 의미는 ' … 으로 변화하다, … 이 되다.'이다. 이 의미 또한 '-(으)로[3]'의 의미와 비슷하기 때문에 서로 잘 대응된다는 것을 추측할 수 있다. '達'는 앞에서 살펴본 '到'와 동일한 의미를 가지고 있기 때문에 '-(으)로[3]'의 의미와 잘 대응한다. 다음 '-(으)로[5]'는 중국어 '(使)用'와만 대응되었다. '(使)用'는 동사

이고, 사용한다는 뜻이다. 이 의미는 '-(으)로⁵'의 의미와 비슷하기 때문에 서로 잘 대응되었다. 다른 점이 있다면, 한국어 '-(으)로⁵'는 조사이고 중국어 '(使)用'는 동사라는 것이다. 이를 통하여 신문과 같은 글말에서는 '-(으)로⁵'를 중국어 '(使)用'로 표현하고 사용한다는 것을 알 수 있다. '(으)로⁶'의 의미는 중국어 '대응 없음, 以'와 대응되었다. 이 가운데 '以'는 개사이고 '… 을 근거로'라는 뜻이다. 이 의미는 '-(으)로⁶'의 의미와 비슷하므로 서로 대응되는 것을 예측할 수 있다. '-(으)로⁷'은 중국어 '因, 由(於)'와 대응되었다. '因, 由(於)'는 개사이고 '원인, 이유'라는 뜻이다. 그래서 '-(으)로⁷'과 잘 대응되었다. '-(으)로⁸'의 의미는 중국어 '대응 없음, 以'와 대응되었다. 이 가운데 '以'는 개사이고 '… (으)로(써)'라는 뜻이다. 이 의미는 '-(으)로⁸'의 의미와 비슷하므로 서로 대응되는 것을 예측할 수 있다. 지금까지 각 '-(으)로'의 의미가 다를 때 그의 대응되는 중국어도 서로 다르다는 것을 밝혔다. 심지어 같은 대역어 '以'의 경우에는 대응하는 '-(으)로'의 의미에 따라 '以'의 의미도 달라진다는 것을 밝혔다. 그리고 분석 결과의 공통점으로 각 '-(으)로'의 의미들이 중국어 '대응 없음'과 많이 대응되고 사용되는 경향성을 보여주었다는 점이다.

4.2 드라마 병렬말뭉치에서의 '-(으)로'의 중국어 대응 양상

앞서 보았듯이 말뭉치에서 쓰인 '-(으)로'는 11가지 의미로 나타났다. 그럼 각 '-(으)로'의 의미는 어떤 중국어와 대응되는지 다음 예문을 통하여 살펴보고자 한다.

(30) '-(으)로¹' 「움직임의 방향」
    교실로 들어가. 〈여왕의 교실 1회〉

快回教室吧。

(31) '-(으)로³' 「변화의 결과」
그 녀석을 고아로 만든 건 ⋯ 〈개인의 취향 16회〉
害那孩子成了孤兒。

(32) '-(으)로⁴' 「재료나 원료」
꼭 이걸로만 요리해 주셔야 돼요. 〈착한 남자 8회〉
一定要用這個做。

(33) '-(으)로⁵' 「수단·도구」
가위로 자르는 겁니다. 〈개인의 취향 14회〉
用剪刀剪掉。

(34) '-(으)로⁶' 「방법이나 방식」
무슨 근거로 그런 얘길 하는 거지? 〈여인의 향기 1회〉
你有什麼證據說那樣的話?

(35) '-(으)로⁷' 「원인이나 이유」
저는 교통사고로 기억을 잃었습니다. 〈추적자 2회〉
我因為車禍失去了記憶。

(36) '-(으)로⁸' 「지위나 신분, 자격」
남자로 산다는건 다 그런 거야. 〈개인의 취향 6회〉
男人是應該這樣的。

(37) '-(으)로⁹' 「시간」
가능한 빠른 날짜로 어떻게든 잡아볼 테니까. 〈착한 남자 10회〉
我會盡快選好日子。

(38) '-(으)로¹⁰' 「시간을 셈할 때 셈에 넣는 한계」

일주일 내**로** 방 빼. 〈꽃보다 남자 24회〉

一周之內把房騰出來啊。

(39) '-(으)로¹²' 「약속이나 결정」

강마루를 따라가기**로** 하셨습니까? 〈착한 남자 1회〉

決定跟著薑馬陸去嗎？

(40) '-(으)로¹³' 「생각하는 바임」

그러면 하루 까는 걸**로** 알고 간다. 〈49일 12회〉

那麼就算是減一天吧，我先走了。

위 예문 (30-31)에서 '-로'는 중국어와 대응되는 표현이 없다. 즉, 입말에서 한중 번역할 때 '-(으)로¹', '-(으)로³'을 직접적으로 번역하지 않는다고 볼 수 있다. 예문 (32-33)에서 '-(으)로⁴'와 '-(으)로⁵'는 중국어 '用'와 대응되었다. 드라마와 같은 입말에서 '-(으)로⁴', '-(으)로⁵'가 주로 '用'로 번역되어 쓰이는 경우가 많다는 것을 보여준다. 예문 (34)에서 '-(으)로⁶'은 중국어와 대응되는 표현이 없는 것으로 보인다. 즉, 입말에서 '-(으)로⁶'은 중국어로 잘 표현하지 않고 사용된다. 예문 (35)에서의 '-(으)로⁷'은 중국어의 '因爲'와 잘 대응되었다. 즉, '-(으)로⁷'은 입말에서 중국어 '因爲'로 표현하고 쓰이는 경우가 많다는 것이다. 예문 (36-40)에서의 '-(으)로⁸', '-(으)로⁹', '-(으)로¹⁰', '-(으)로¹²', '-(으)로¹³'은 모두 중국어와 잘 대응되지 않는 것으로 나타났다. 즉, 입말에서 이 5가지 의미는 중국어로 잘 대응되지 않고 사용된다는 것을 알 수 있다.

이처럼 드라마 병렬말뭉치에 나타난 '-(으)로'의 11가지 의미에 대응되는 중국어의 양상을 정리하면 다음 〈표 9〉와 같다.

〈표 9〉 '-(으)로'의 11가지 의미에 대응되는 중국어의 양상

'-(으)로'의 의미	중국어의 대응 양상	빈도 양상
'-(으)로[1]' 「움직임의 방향」	대응 없음	1,321
'-(으)로[3]' 「변화의 결과」	대응 없음	718
'-(으)로[4]' 「재료나 원료」	用	188
'-(으)로[5]' 「수단·도구」	用	704
'-(으)로[6]' 「방법이나 방식」	대응 없음	1,660
'-(으)로[7]' 「원인이나 이유」	因爲	517
'-(으)로[8]' 「지위나 신분, 자격」	대응 없음	805
'-(으)로[9]' 「시간」	대응 없음	298
'-(으)로[10]' 「시간을 셈할 때 셈에 넣는 한계」	대응 없음	429
'-(으)로[12]' 「약속이나 결정」	대응 없음	1,054
'-(으)로[13]' 「생각하는 바임」	대응 없음	719
합계		8,413

　분석 결과에 따르면 의미별로 '-(으)로[1]', '-(으)로[3]', '-(으)로[6]', '-(으)로[8]', '-(으)로[9]', '-(으)로[10]', '-(으)로[12]', '-(으)로[13]'은 중국어와 잘 대응되지 않는 현상을 보인다. 즉, 해당 8가지 의미를 가진 '-(으)로'를 입말에서 중국어로 번역할 때에는 대응하는 중국어로 표현되지 않는 것이다. 다음 '-(으)로[4]', '-(으)로[5]'는 모두 중국어 '用'로만 대응되었다. '用'는 동사이고 사용한다는 의미이다. 이 의미는 '-(으)로[4]', '-(으)로[5]'의 의미와 비슷하기 때문에 서로 잘 대응되었다. 차이점은 한국어 '-(으)로[4]', '-(으)로[5]'는 조사이고 중국어 '用'는 동사라는 것이다. '-(으)로[7]'은 중국어 '因爲'와 대응되었다. '因爲'는 개사이고 '원인, 이유'라는 뜻이다. 그래서 '-(으)로[7]'과 잘 대응되었다. 분석 결과, 대부분의 '-(으)로'의 의미에 따라 중국어로 표현되지 않고 번역

되는 경향성을 보여주었다. 즉, 입말에서 '-(으)로'는 대체로 '대응 없음'과 많이 대응되는 경향이 있다.

이상으로 신문과 드라마 병렬말뭉치에서 분석한 결과를 정리하면 다음 〈표 10〉과 같다.

〈표 10〉 신문과 드라마 병렬말뭉치에서의 분석 결과

'-(으)로'의 의미	신문 병렬말뭉치		드라마 병렬말뭉치	
	중국어의 대응 양상	빈도 양상	중국어의 대응 양상	빈도 양상
'-(으)로[1]' 「움직임의 방향」	대응 없음	619	대응 없음	1,321
'-(으)로[3]' 「변화의 결과」	대응 없음	719	대응 없음	718
	到	574		
	爲	486		
	至	185		
	達	110		
'-(으)로[4]' 「재료나 원료」	-	-	用	188
'-(으)로[5]' 「수단·도구」	(使)用	814	用	704
'-(으)로[6]' 「방법이나 방식」	대응 없음	1,017	대응 없음	1,660
	以	698		
'-(으)로[7]' 「원인이나 이유」	因	487	因爲	517
	由(於)	232		
'-(으)로[8]' 「지위나 신분, 자격」	대응 없음	558	대응 없음	805
	以	161		
'-(으)로[9]' 「시간」	대응 없음	710	대응 없음	298
'-(으)로[10]' 「시간을 셈할 때 셈에 넣는 한계」	-	-	대응 없음	429
'-(으)로[12]' 「약속이나 결정」	대응 없음	783	대응 없음	1,054
'-(으)로[13]' 「생각하는 바임」	대응 없음	1,914	대응 없음	719
합계		10,265		8,413

분석 결과, 드라마 병렬말뭉치에 비해 신문 병렬말뭉치에서 각 '-(으)로'의 의미에 따른 중국어 대응 양상이 더 다양하게 많이 나타났다. 즉, 입말보다 글말에서 출현한 각 '-(으)로'의 의미가 비교적 적지만 오히려 중국어와 더 다양하게 대응되어 잘 쓰이는 현상을 보여주었다. 예를 들면 '-(으)로³'의 경우 입말에서는 '대응 없음'만으로 나타난 반면에 글말에서는 5가지 양상과 대응되었다. 그리고 '-(으)로⁶', '-(으)로⁷', '-(으)로⁸'의 경우 글말에서의 중국어 대응 양상은 2가지로 나타나지만 입말에서는 1가지만 나타났다. 한편, 글말과 입말에서 서로 대응되는 공통점도 나타났다. 즉, '-(으)로¹', '-(으)로⁹', '-(으)로¹²', '-(으)로¹³'은 글말에서나 입말에서 중국어와 잘 대응되지 않는 현상을 보여주었다. 이를 통하여 글말과 입말을 구분해서 연구해야 할 필요성을 확실하게 보여주었다고 할 수 있다. 그래서 중국인 한국어 학습자에게 현장 교육할 때 글말과 입말을 구분해서 '-(으)로'와 그의 중국어 대응 양상에 대해 교육하면 학습 효과를 향상시킬 수 있을 것으로 기대된다.

또한, 실제 자료를 통한 분석 결과에서 기존 연구의 결과와 다른 점이 많이 나타났다. 첫째, 기존 연구에서 대부분 학자들은 '-(으)로'의 7개 의미만 분석하였다. 다시 말하면 기존 연구자들은 '-(으)로¹⁰', '-(으)로¹²'에 대해 살펴보지 않았다. 그러므로 기존 연구에서는 '-(으)로' 의미에 대한 총체적 서술이 부족하였음을 알 수 있다. 이와 달리 본 연구는 '-(으)로'의 13가지 의미를 모두 분석 대상으로 했다. 그중 11가지 의미가 말뭉치에서 나타났고 사용되는 모습을 확인하였다. 더 나아가 본 연구의 분석 결과에서 '-(으)로'의 13가지 의미 양상이 글말과 입말에서 어떻게 다르게 나타나는지를 밝혔다. 둘째, 실제 언어 사용에서 '-(으)로'와 그에 대응되는 중국어 표현의 양상은 기존 연구의 결과와 많이 다르게 나타났다. 이것은 바로 '-(으)로'의 실제 생활에서 사용하는 모습과 교재에 있는 '-(으)로'의 모습이 같지 않다는 것이다. 결론적으로 기존 연구에서 제시한 중국어 대역어가 여러 가지 있지만 사실은 '-(으)로'가 실제 언어 생활에서 중국어로 대응되어 사용되지 않고 오히려 중국어와 잘 대응되지 않는 경우가 더 많았다는 것이다.

5. 맺음말

본 연구는 기존의 이론적 연구에서 벗어나 실제 한중 병렬말뭉치 자료를 통하여 한국어 부사격 조사 '-(으)로'의 각 의미가 일상생활에서 다양하게 사용되고 있는 모습과 중국어와의 대응 양상을 살펴보았다. 이에 따라 다음과 같은 몇 가지 연구 의의가 있다.

첫째, 글말과 입말을 구분해서 실생활에서 사용하는 '-(으)로'의 의미가 다르다는 현상을 보여주었다. 예를 들면 글말보다 입말에서 '-(으)로'의 의미가 다양하게 나타났다. 그리고 글말에서 나타나지 않는 '-(으)로[4]'와 '-(으)로[10]'이 입말에서 주로 사용되는 경향성도 보인다. 또한, 말뭉치에서 고빈도로 사용하는 '-(으)로[6]', '-(으)로[13]'의미를 교과서에서 제시하지 않는다는 것을 발견하였다.

둘째, 본 연구 말뭉치에서 나타난 '-(으)로' 의 11가지 의미에 따라 그에 대응되는 중국어 표현을 전반적이고 체계적으로 분석하였다. 즉, 실제 생활에서 '-(으)로'를 사용하는 모습과 교재나 번역한 설문조사지에 있는 '-(으)로'의 모습이 다르다는 것을 밝혔다. 기존 연구에서 제시한 중국어 대역어가 여러 가지 있는데 사실은 '-(으)로'는 실생활에서 중국어로 잘 대응되지 않아 사용되지 않는 경우가 더 많다. 그리고 기존 연구에서 '-(으)로³'의 중국어 대역어는 두 가지 '(變)成, 變化'으로만 나타났지만 본 연구에서 '-(으)로³'은 중국어와 '到, 爲, 至, 達'의 4가지 표현으로 다양하게 대응되었다. 그래서 본 연구 결과는 실제 자료를 기반으로 하여, 기존 연구에서 대응 관계가 아니었거나 대응 여부가 확실하지 않았던 부분에 대해 전반적이고 체계적인 대응의 양상을 제시하겠다는 점에서 의미가 있다.

본 연구의 결과는 일반화를 피하고 실제자료인 신문과 드라마 병렬말뭉치에서 추출한 '-(으)로'의 사용 모습과 그의 중국어 대응 양상만을 대상으로 분석한 것이다. 그들 간의 대응 양상을 글말과 입말 경우에 따라 각각 제시함으로써 부사격 조사 '-(으)로' 관련 번역이나 의사소통 교육에 실질적으로 도움이 되는 기반 자료를 제공하게 될 것을 기대한다. 당해 분석 결과는 글말과 입말에서의 실제 의사소통의 상황을 반영하고 있으므로, 중국인 한국어 학습자에게 학습 효과를 한층 더 높일 수 있고, 교사에게 유용한 부사격 조사 '-(으)로'의 교수 정보가 될 수 있으리라 생각한다. 다만, 다양한 한국어 교재에 있는 '-(으)로'에 대해 많이 분석하지 못해서 아쉬움이 남았다.3)

---

3) 이 글은 『한국어교육』32권2호, 145~172쪽에 실린 글을 수정·보완한 것임.

제2장

한국어 부사격 조사 '-에'와 '-에서'의 중국어 대응 양상 연구

1. 머리말

중국어권 한국어 학습자들은 한국어의 부사격 조사 '-에'와 '-에서'를 잘 구별하지 못해 오류를 범할 때가 많다. '-에'와 '-에서'는 형태나 분포가 유사해 용법을 구별하기가 쉽지 않기 때문이다. 그뿐 아니라 모국어인 중국어와의 대응 관계가 불명확하다는 점도 원인이 된다. 한국어 '-에'와 '-에서'에 대응되는 중국어 표현은 매우 다양하고 대응 양상이 복잡한데다 '-에'와 '-에서'가 동일한 중국어 표현과 대응되는 경우도 있기 때문이다. '-에', '-에서'와 그에 대응하는 중국어 표현은 일단 문법적 범주가 서로 다르다. '-에'와 '-에서'는 조사이지만 중국어 대응 표현은 조사뿐 아니라 명사, 접속사, 개사, 부사 등으로 다양하다. 하지만 이러한 부분에 대한 체계적인 교육이 이루어지고 있지 않다. 한국어 교재를 살펴보면 대부분 초급에서 '-에'와 '-에서'의 기본적인 용법이 간단하게 다루어질 뿐이다. 안령군(2005)

에서는 한국어 교재에서 조사 '-에' 관한 문법적 설명이 대부분 초급에서 이루어지고 있으며, 주로 '장소'나 '시간'과 관련된 기본적인 의미만 제시된다고 하였다. 교재의 설명이 부족하기 때문에 '-에'와 '-에서'의 뜻을 제대로 알고 싶은 중국인 한국어 학습자들은 보통 한중사전을 참고하게 된다. 하지만 시중에 판매되는 한중사전을 조사해 보면 4권 중 2권만 '-에'와 '-에서'를 등재하고 있다. 그리고 그조차도 '-에'와 '-에서'의 설명과 예문들을 제대로 제시하지 않았으며, '-에서'의 중국어 대응 표현을 두 개만 보여주고 있었다. 이로 인해 중국어권 초중고급 한국어 학습자는 '-에'와 '-에서'를 사용함에 있어 오류를 많이 범하는 것으로 추측할 수 있다. 그러므로 일상생활에서 '-에'와 '-에서'의 실제 사용 양상을 확인하고 주된 의미가 무엇인지, 그리고 세부 의미별로 어떤 중국어 표현과 대응되는지를 밝힐 필요가 있다. 이러한 필요성에 따라 본 연구는 한중 드라마 병렬말뭉치를 통하여 한국어 부사격 조사 '-에'와 '-에서'에 대응되는 중국어 표현에 대해 분석하는 것을 목적으로 한다.[1]

본 연구는 드라마 병렬말뭉치에서 나타난 '-에'의 용례 3,350개, '-에서'의 용례 897개를 대상으로 연구를 진행한다. 이어지는 본론에서는 먼저 '-에'와 '-에서'의 사전적 의미와 말뭉치에 나타난 의미를 정리하겠다. 다음으로 한중사전과 병렬말뭉치를 통하여 '-에'와 '-에서'의 세부 의미와 각각의 중국어 대응 표현을 비교하겠다. 마

---

1) 강현화(2000)에서는 사전의 문제점 6가지를 제시했는데 그중에 여섯째 문제는 구어의 중요성으로, 언어 교육이 의사소통 능력의 성취를 목적으로 이행하는 현 시점에서 글말 못지않게 입말의 중요성이 강조된다고 하였다. 따라서 입말 어휘의 설명과 자료 제시가 필수적이라고 지적하였다. 이에 따라서 바로 본 연구에서 드라마 병렬말뭉치로 연구하는 이유이다.

지막으로 '-에', '-에서'와 중국어 대응 표현을 종합적으로 정리할
것이다.[2]

2. 선행 연구

   강현화(2000), 신자영(2010), 민경모(2010), 유현경·황은하(2010),
이문화(2014) 등에서 강조한 것처럼 대조 언어 연구에서 말뭉치 분석
은 중요성을 갖는다. 본격적인 논의에 앞서 본 절에서는 '-에', '-에
서'에 대한 한중 대조 연구 중 안령군(2005), 슬지엔(2009), 소영령
(2012), 상산(2012), 백설(2012), 조건유(2013) 등을 검토하고 대조 연
구에서 병렬말뭉치 분석이 갖는 중요성을 다시 한 번 확인해 보고자
한다.
   안령군(2005)에서는 '-에'의 의미를 장소, 시간, 원인 및 이유, 단
위, 판단 기준, 행위자 및 도구, 수혜 및 주가, 자격 및 신분, 환경
및 범위, 대상, 열거, 관용표현 등 총 12가지로 정리하였다. 이는 조사
'-에'의 모든 용법에 해당하는 예문들을 중국어로 번역하고 중국어와
의 공통점과 차이점을 비교하여 양 언어의 대조 규칙을 찾아내기 위
함이었다. 분석 결과 한국어 조사 '-에'는 '在, 因爲, 被, 用, 給, 爲,
對' 등 7가지의 중국어 개사와 대응할 수도 있고 별도의 허사로 번역
되지 않고 동사로 수렴되어 나타난다고 하였다. 슬지엔(2009)의 경우

---

   2) 이문화(2014)에서는 한국어와 중국어 두 언어 간의 실제적인 대응 양상을 살
      펴보기 위해서는 일상생활에서 자연스럽게 쓰이는 입말 자료를 바탕으로 대
      응 관계를 면밀하게 분석해야 한다고 주장하였다. 본 연구에서는 이문화
      (2014)에서 사용한 것과 동일한 드라마 병렬말뭉치를 활용하고자 한다.

'-에'는 '在, 到, 在 … 裏/中, 在 … 上, 於, 給, 被, 與, 和, 因爲, 由於, 因, 用, 拿, 內, 之內' 등 16가지 중국어 표현과 대응되고, '-에서'는 '在, 從, 自, 爲, 比' 5가지 중국어 표현과 대응된다고 보았다. 소영령(2012)에서는 '-에'는 '在, 到, 在 … 裏, 對, 對於, 屬於, 於, 用, 在 … 中, 因, 由於, 在 … 內, 對, 給, 和, 被' 16가지 중국어 표현과 대응되고, '-에서'는 '在, 從, 比, 由於' 4가지 중국어 표현과 대응된다고 주장하였다. 상산(2012)에서는 한국어 부사격 조사가 어떻게 쓰이는지 그리고 그에 대응하는 중국어의 개사에는 어떤 것이 있는지에 논의하였는데 '-에'는 중국어 '在, 用, 被, 爲, 因爲, 因'와 대응되고, '-에서'는 '在, 從, 自, 爲'와 대응된다고 하였다. 백설(2012)는 '-에'는 '在, 到, 由於, 被, 於, 給, 用, 屬於, 在裏, 在上, 內, 之內, 朝, 因爲, 因, 和, 與, 跟'와 대응되고, '-에서'는 '在, 從, 爲了, 爲, 比, 同, 跟, 和'와 대응된다고 하였다. 조건유(2013)에서 '-에'의 의미를 처소, 대상, 자격, 단위, 기준, 원인, 수단/도구, 환경 및 조건, 시간, 범위, 첨가, 열거 등 총 12가지로 정리하였다. 이 12가지에 대응되는 중국어 표현은 개사 '在, 到, 因爲/由, 於, 被, 對, 給, 跟/和, 關於/對於', 동사 '到, 用, 爲', 접속사 '因爲 … 所以', 명사 '裏, 中, 內' 등이 있다고 하였다.

이상의 선행 연구가 갖는 첫 번째 문제점은 실증적인 자료를 체계적으로 분석한 결과가 아니라는 점이다. 앞서 살펴보았듯이 기존 연구에서는 '-에'와 '-에서'의 중국어 대응 표현을 제각기 다르게 제시하였는데 본 연구에서는 실제 쓰임에 근거하여 주된 대응 양상을 객관적으로 기술해 보고자 한다.

선행 연구의 두 번째 문제점은 동일한 예문으로 분석을 진행하였다는 점이다. 예를 들면 안령군(2005), 슬지엔(2009), 상산(2012), 조

46

건유(2013)에서 모두 '그가 반장에 뽑혔다.(他被選爲班長.)'라는 예문을 사용하여 '-에'가 중국어 피동문과 대응된다고 주장하였다. 이런 예문의 한계로 인해 연구의 결과가 제한적인 문법적 특징으로 나타난 것이다. 또한 해당 예문을 좀 더 자세히 살펴보면 '-에'가 중국어 피동문과 대응되는 것이 아니라 한국어 피동사 '뽑히다(被選爲)'의 접미사 '-히다'가 중국어 '被'와 대응되는 것을 알 수 있다. 한중 대조 선행 연구들이 갖는 부적절한 예문 분석의 예는 백설(2012)에서도 발견된다. 백설(2012)는 '그는 나와 나이가 같다.(他和我的年紀相仿.)', '이 외국인이 한국말을 말하는 한국 사람만큼 잘한다.(這外國人的韓國語說的和韓國人一樣好!)'라는 예문을 '-에', '-에서'의 중국어 대응 표현 분석에 사용하였는데 이 두 예문에는 '-에'와 '-에서'가 쓰이지 않았다는 점에서 분석상의 문제가 심각하다.

　마지막으로 선행 연구들은 주로 한국어 예문을 연구자가 중국어로 번역하는 방식을 취하였기 때문에 언어 자료의 객관성과 다양성이 떨어지고 일상생활에서의 실제적인 대조 양상을 밝히지 못하였다는 한계가 있다.

3. '-에'와 '-에서'의 의미 분석

3.1 사전에서의 '-에'와 '-에서'의 의미 분석

　'-에'와 '-에서'의 의미 기능을 살펴보기 위해 먼저 사전에서의 기술을 살펴보고자 한다. 검토 대상 사전은 『한국어 학습 전문가용 어미·조사 사전』, 『외국인을 위한 한국어 문법 2』, 『외국인을 위한 한국어 학습 사전』, 『표준국어대사전』이다.

<표 1> 사전에 나타난 '-에'의 의미

	한국어 학습 전문가용 '어미·조사 사전'	외국인을 위한 한국어 문법 2	외국인을 위한 한국어 학습 사전	표준국어대사전
①	장소, 자리	장소, 위치	장소	처소
②	대상	대상	대상	대상
③	기준	비교	기준	비교, 기준
④	원인, 이유	원인	원인	원인
⑤	시간	시간	시간	시간
⑥	도구, 수단	도구, 수단	도구, 수단	수단, 방법
⑦	상황이나 출전	상황	상황, 환경, 조선, 인용	조건, 환경, 상태
⑧	단위(가격, 횟수)	더해짐	가격	첨가
⑨	구 단위 기능 조사: 첨가	단위	단위	자격
⑩	단위(기준)	자격	자격, 신분	방향
⑪	강조	행위의 진행 방향이나 목적지	나열	범위
⑫	자격	나열	범위	접속 조사(나열)
⑬		강조나 관용표현	도착 지점	
⑭			어떤 것을 받는 사람이나 단체	
⑮			주어의 행위에 영향을 미치는 주체	
⑯			방송, 대중매체	

〈표 2〉 사전에 나타난 '-에서'의 의미

	한국어 학습 전문가용 어미·조사 사전	외국인을 위한 한국어 문법 2	외국인을 위한 한국어 학습 사전	표준국어대사전
①	장소	장	장소	처소
②	출발점, 기준점	출발점	출발하는 장소	출발점
③	비교의 기준점을 나타냄	비교의 기준	기준	비교의 기준
④	-에서 -까지의 꼴로 쓰임			
⑤			출처	출처임
⑥		근거나 이유		앞말이 근거의 뜻
⑦	주격조사		행위의 주체	앞말이 주어임
⑧		공간적인 배경		

　예를 들어 『외국인을 위한 한국어 학습 사전』에서의 '도착 지점'의 의미는 다른 사전에서 '장소'의 의미에 포함된다. 하지만 문제가 되는 것은 같은 의미인데 다르게 분류한 경우이다. 예를 들어 '때문에, 바람에, 탓에'의 의미가 『외국인을 위한 한국어 문법 2』에서는 '강조, 관용'에 속하는 반면 『한국어 학습 전문가용 어미·조사 사전』에서는 '원인'에 속한다는 것이다.

　한편 〈표 2〉에 따르면 '-에서'의 의미 기술 역시 각 사전마다 상이하다. 모든 사전에서 공통적으로 제시한 의미는 '장소', '출발점', '비교의 기준' 3가지이다. 이렇게 사전마다 의미가 서로 다르기 때문에 외국인 학습자들을 혼란을 겪을 수밖에 없다.

　이상으로 '-에'와 '-에서'의 사전적 의미가 일정하지 않음을 확인하였다.

3.2 선행 연구에서의 '-에'와 '-에서'의 의미 분석

선행 연구에서 '-에'와 '-에서'의 여러 가지 의미를 어떤 기준으로 분류해 왔는지 살펴보면 다음과 같다.

〈표 3〉 선행 연구에서 제시한 '-에'의 의미

	안령군	석견·성윤숙	슬지엔	상산	조건유	백설
①	장소	처소, 자리	장소, 자리	장소	처소	처소
②	시간	시간	대상	시간	대상	시간
③	원인 및 이유	원인, 이유	기준	도구, 재료	자격 및 신분	진행의 방향
④	단위	대상	자격	자격, 신분	기준	원인, 이유
⑤	판단 기준	상황, 출전	원인, 이유	원인, 이유	원인	대상
⑥	행위자 및 도구	기준	도구, 수단		수단, 도구	조건, 환경, 상태
⑦	수혜 및 부가	자격	시간		단위	더하여짐
⑧	자격 및 신분	도구, 수단	상황, 출전		환경 및 조건	
⑨	환경 및 범위	단위	단위		시간	
⑩	대상	특수한 용법			범위	
⑪	열거	강조함			첨가	
⑫	관용 표현	다른 단어와 결합하여 조사나 어미 등으로 만듦			열거	
⑬		관용표현에 쓰임				

	슬지엔	상산	백설
①	장소	장소	처소
②	출발점, 기준점	원인, 이유	출발점, 기준점
③	비교의 기준		근거
④			비교의 기준
⑤			주격조사

위의 표들을 보면 선행 연구에서 학자마다 '-에'와 '-에서'의 의미를 다르게 설정한 것을 알 수 있다. 그래서 본 연구에서는 체계적인 분류 체계를 마련하기 위하여 『한국어 학습 전문가용 어미·조사 사전』을 바탕으로 '-에'와 '-에서'의 다양한 의미를 다시 정리해 보았다.3) 본 연구에서는 기본적으로 〈표 5〉에 제시된 분류 기준에 따라 '-에'와 '-에서'의 의미를 분석하고 말뭉치에서 새로운 의미가 발견되면 〈표 5〉의 분석틀에 해당 의미를 추가하도록 하겠다.

---

3) 『한국어 학습 전문가용 어미·조사사전』에 따라 '때문에, 바람에, 탓에'는 '원인'에 속하는 것으로 판단하였다. 또한, 『외국인을 위한 한국어 문법 2』와 『표준국어대사전』에서의 '행위의 진행 방향이나 목적지'의 의미는 장소의 하위 분류라서 『한국어 학습 전문가용 어미·조사 사전』에 따라서 '장소'의 의미로 보았다. 마지막으로 『한국어 학습 전문가용 어미·조사 사전』의 '단위(기준)'는 '기준'안에 하위 분류로 넣고 사전에 없는 '나열'과 '범위'의 의미도 추가하였다.
  『외국인을 위한 한국어 문법 2』에서 '-에서'의 '공간적인 배경' 의미는 『한국어 학습 전문가용 어미·조사 사전』에서의 장소 안에 속하기 때문에 장소의 하위 분류로 간주한다. 반면에 『한국어 학습 전문가용 어미·조사 사전』에서의 '-에서 – 까지의 꼴로 쓰임'은 다른 사전에서의 출발점의 의미에 속하기 때문에 출발점의 의미로 분류하였다. 그리고 『한국어 학습 전문가용 어미·조사 사전』에서의 출발점, 기준점을 따로 분류하였다.

〈표 5〉 '-에'와 '-에서'의 의미 기능

'-에'의 의미 기능						'-에서'의 의미 기능	
①	장소	⑦	상황	⑬	범위	①	장소
②	대상	⑧	첨가			②	출발점
③	기준	⑨	단위			③	비교의 기준
④	원인	⑩	강조			④	근거나 이유
⑤	시간	⑪	자격			⑤	주격조사
⑥	도구, 수단	⑫	나열				

3.3 병렬말뭉치에서의 '-에'와 '-에서'의 의미 분석

이 절에서는 말뭉치에서 '-에'와 '-에서'의 각 의미가 나타난 빈도를 살펴보고 새로운 '-에'와 '-에서'의 의미가 있는지 확인해 보고자한다.

먼저 병렬말뭉치에서 '-에'의 용례 3,350개를 추출하여 분석하였다. 의미별 대표적인 예문은 다음과 같다.

(1) 장소, 자리
    오빠는 은행에 취직이 됐다고. 〈추적자 5회〉

(2) 시간
    주말에 시간 되냐? 회장님하고 식사나 하자. 〈오마이레이디 13회〉

(3) 대상
    이러려고 우리 회사에 투자한 거야? 〈오마이레이디 13회〉

(4) 원인
    그런데 오늘은 뭐 때문에 모이래? 〈추적자 5회〉

(5) 상황

　　세상<u>에</u> 공짜는 없어. 〈부탁해요 캡틴 13회〉

(6) 강조

　　정말 그 방법밖<u>에</u>는 없었나. 〈부탁해요 캡틴 20회〉

(7) 기준

　　물론 내 눈<u>에</u>는 네가 더 예뻐. 〈내 여자친구는 구미호 3회〉

(8) 단위

　　일주일<u>에</u> 두 번씩. 〈추적자 4회〉

(9)　도구, 수단

　　우리 닭 숯불<u>에</u> 구운 거라 맛있죠? 〈내 여자친구는 구미호 13회〉

(10) 나열

　　어디서 무슨 일을 하나 내 앞<u>에</u>, 내 딸 앞<u>에</u>만 나타나지마.

　　〈부탁해요 캡틴 5회〉

(11) 자격

　　제이역<u>에</u> 김미정. 〈오마이레이디 15회〉

(12) 첨가

　　거기다 다림질<u>에</u> 장 봐서 저녁 준비. 저것들 손빨래까지. 〈49일 8회〉

(13) 범위

　　실장님, 제 의상 중<u>에</u> 흰 치마 있어요? 〈내 여자친구는 구미호 3회〉

　　예문 (1-13)은 각각의 '-에'의 13가지 의미의 예문들이다. 이처럼 드라마 병렬말뭉치에서 나타나 '-에'의 13가지 의미에 대해 분석한 각 의미의 빈도 양상은 다음 〈표 6〉과 같다.

<표 6> 병렬말뭉치에서의 '-에' 의미 분석 결과

	의미	빈도	비율
①	장소, 자리	1,017	30%
②	시간	824	25%
③	대상	512	15%
④	원인	337	10%
⑤	상황	302	9%
⑥	강조	137	4%
⑦	기준	106	3%
⑧	단위	49	2%
⑨	도구, 수단	23	1%
⑩	나열	16	1%
⑪	자격	12	0%
⑫	첨가	12	0%
⑬	범위	3	0%
	합계	3,350	100%

위의 분석 결과와 같이 드라마 병렬말뭉치에서는 '-에' 가 13가지 서로 다른 의미로 실현되었다. 기존의 사전 기술과 달리 실제 언어 사용 상황에서 '-에'는 매우 다양한 의미로 실현된 것이다. 출현한 빈도순으로 살펴보면 '장소/자리, 시간, 대상, 원인, 상황, 강조, 기준, 단위, 도구/수단, 나열, 자격, 첨가, 범위 '로 나타나 '장소/자리, 시간, 대상'의 3가지 의미가 비교적 많이 사용된다는 것을 알 수 있다. 이런 결과는 앞장에서 살펴본 대로 사전 기술에서 '-에'의 의미를 보충할 필요가 있음을 드러낸다.

다음으로 병렬말뭉치에서 '-에서'의 용례 897개를 추출하여 분석하였다. 의미별 대표적인 예문은 다음과 같다.

(14) 장소

    낮에 어디<u>에서</u> 일할 건데요? 〈49일 17회〉

(15) 출발점

    그러니까 이제 그만 내 집<u>에서</u> 나가줘요. 〈오마이레이디 10회〉

(16) 비교의 기준

    선생님 입장<u>에서</u>는 떠나라고 하는 게 당연해요. 〈49일 18회〉

(17) 주격조사

    재판부<u>에서</u> 판단해 주십시오. 〈추적자 3회〉

(18) 관용 표현

    어디<u>에서</u> 협박이야! 〈49일 6회〉

예문 (14-18)은 각각의 '-에'의 5가지 의미의 예문들이다. 이처럼 드라마 병렬말뭉치에서 나타나 '-에서'의 5가지 의미에 대해 분석한 각 의미의 빈도 양상은 다음 〈표 7〉과 같다.

〈표 7〉 병렬말뭉치에서의 '-에서' 의미 분석 결과

의미	빈도	비율
장소	703	78%
출발점	104	12%
비교의 기준	53	6%
주격조사	29	3%
관용 표현(어디에서)	8	1%
합계	897	100%

위 결과를 보면, 병렬말뭉치에서 '-에서'는 5가지 서로 다른 의미
로 나타났다. 빈도는 '장소, 출발점, 비교의 기준, 주격조사, 관용 표
현'의 순이었다. 특히 '장소' 의미가 가장 높은 빈도로 나타났는데
이에 따라 실제 의사소통에서 '-에서'는 주로 장소의 의미로 사용되
는 것을 알 수 있다. 반면 '근거나 이유'의 의미는 병렬말뭉치에는
나타나지 않았다. 또 '어디에서 협박이야'라는 관용 표현이 일상생활
에서 쓰인다는 것을 확인하였다.

4. 조사 '-에'와 '-에서'의 중국어 대응 양상

4.1 사전에서 '-에', '-에서'의 중국어 대응 양상

이 절에서는 한중사전에 기술된 '-에', '-에서'의 대응 중국어 표현
에 대해 알아보겠다. 중국어권 학습자가 자주 사용하는 『네이버 한중
사전』, 『최신한중대사전』, 『진명 한중사전』, 『한중사전』의 4권을 살
펴본 결과는 다음과 같다.

〈표 8〉 한중사전에서의 '-에'와 '-에서'의 중국어 대응 표현

이중사전	'-에'의 중국어 대응 표현	'-에서'의 중국어 대응 표현
『네이버 한중사전』	處格助詞。表示空間和時間。(공간과 시간) 處格助詞。表示方向和目的地。(방향과 목적지) 處格助詞。表示間接對象。(간접 대상) 處格助詞。表示産生被動的對象。(피동의 대상)	表示動作進行的場所。(동작이 진행하는 장소) 表示空間、時間的出發點。(공간이나 시간의 출발점) 表示主語。(주어)

이중사전	'-에'의 중국어 대응 표현	'-에서'의 중국어 대응 표현
	處格助詞。表示原因。(원인) 處格助詞。表示並列。(열거) 處格助詞。表示擔任的角色。(담당한 역할) 處格助詞。與 《관하여(관한), 대하여(대한), 의하여(의한), 즈음하여, 있어서》等搭配使用。(조합사용)	
『최신 한중 대사전』	時間, 空間(시간, 공간) 方向和目的地(방향, 목적지) 行動的方法(행동의 방법) 產生被動的對象(피동의 대상) 簡介對象(소개의 대상) 標准單位(기준, 단위) 原因(원인) 環境條件(환경, 조건) 擔任的角色(담당한 역할) 限定的範圍(제한된 범위) 搭配(조합)	動作進行的具體或抽象的場所, 相當中國語的'在'。(동작이 진행하는 장소 / 중국어 '在'와 대응됨) 行動的出發點, 相當中國語的'從, 向'。(동작의 출발점 / 중국어 從,向와 대응됨) 比較的對象, 或指定對象以便選擇說明其中的情況。(비교의 대상/ 대상을 지정하고 선택할 때 그의 상황을 설명함) 集體名詞後表主語 (집단명사의 주어) 行動的動機 (행동의 동기)
『진명 한중사전』	啊 / 嗯 / 哎	없음
『한중사전』	啊 / 感歎(감탄)	없음

〈표 8〉에 제시된 4권 중 2권에만 '-에'와 '-에서'가 등재되어 있다. 그런데 등재된 의미는 한국어 사전에서의 의미와 다소 차이가 있다. 그리고 '-에'와 '-에서'의 문법 의미만 중국어로 설명되고 그에 대응되는 중국어 표현이 자세히 제시되지 않았다. 이로 인해 중국어권 학습자가 '-에'와 '-에서'의 오류를 자주 범하는 것으로 볼 수 있다.

이중사전은 외국어 학습 시 참고하는 가장 기본적인 자료이므로 한국어의 고빈도 조사 '-에'와 '-에서'의 중국어 대응어를 정확히 분석하여 사전에 제시할 필요가 있다.

4.2 선행 연구에서 '-에', '-에서'의 중국어 대응 양상

이 절에서는 선행 연구에 기술된 '-에', '-에서'의 중국어 대응 양상에 대해 알아보겠다. 그에 대해 살펴본 결과는 다음과 같다.

〈표 9〉 선행 연구에서의 '-에'와 '-에서'의 중국어 대응 양상

선행 연구	'-에'의 중국어 대응 양상	'-에서'의 중국어 대응 양상
안령군 (2005)	在, 因爲, 被, 用, 給, 爲, 對	
슬지엔 (2009)	在, 到, 在 … 裏/中, 在 … 上, 於, 給, 被, 與, 和, 因爲, 由於, 因, 用, 拿, 內, 之內	在, 從, 自, 爲, 比
소영령 (2012)	在, 到, 在 … 裏, 對, 對於, 屬於, 於, 用, 在 … 中, 因, 由於, 在 … 內, 對, 給, 和, 被	在, 從, 比, 由於
상산 (2012)	'在, 用, 被, 爲, 因爲, 因	在, 從, 自, 爲
백설 (2012)	在, 到, 由於, 被, 於, 給, 用, 屬於, 在裏, 在上, 內, 之內, 朝, 因爲, 因, 和, 與, 跟	在, 從, 爲了, 爲, 比, 同, 跟, 和
조건유 (2013)	在, 到, 因爲/由, 於, 被, 對, 給, 跟/和, 關於/對於,到, 用, 爲,因爲 … 所以,裏, 中, 內	

위 〈표 9〉를 보듯이 기존 연구에서는 '-에'와 '-에서'에 대응되는

중국어 양상이 다 다르다는 것을 보인다. 그 이유는 2장에서 언급한 바와 같다. 그리고 모든 기존 연구는 공통적으로 '-에'나 '-에서'가 모두 중국어와 대응된다고 기술한다. 그러나 과연 그러한가? 이를 확인하기 위하여 다음 절에서는 병렬말뭉치에서 '-에'와 '-에서'의 중국어 대응 양상을 살펴보고자 한다.

4.3 병렬말뭉치에서 '-에', '-에서'의 중국어 대응 양상

본 절에서는 실제 자료에 나타나는 '-에'와 '-에서'의 중국어 대응 양상을 확인하기 위하여 드라마 병렬말뭉치를 분석해 보고자 한다.

4.3.1 '-에'에 대응되는 중국어 표현의 분석 결과

이 절에서 드라마 병렬말뭉치에 나타난 '-에'의 용례 3,350개를 분석하여 각 의미에 대응되는 중국어 표현에 대해 논의해 보고자 한다.

4.3.1.1 장소, 자리 의미

병렬말뭉치에서 '-에'의 장소나 자리 의미로 나타나는 용례는 1,017개였다. 그는 중국어와 어떻게 대응되는지 다음 예문을 통하여 살펴보고자 한다.

(19) 대응 없음

　　ㄱ. 웅아. 동물원에 갔다 왔어요. 〈내 여자친구는 구미호 13회〉
　　　　雄啊，去動物園了。

ㄴ. 아마 회사<u>에</u> 있을 걸요. 〈오마이레이디 16회〉

她可能在公司。

(20) 裏

그러게 집<u>에</u>는 왜 데려와요? 〈오마이레이디 12회〉

那你把他們帶到家<u>裏</u>來幹嘛啊？

(21) 在

오빠는 은행<u>에</u> 취직이 됐다고. 〈추적자 5회〉

聽說你哥<u>在</u>銀行就職了。

(22) 上

손<u>에</u> 파스 바르고 자. 그냥 두면 며칠 고생한다. 〈49일 12회〉

手<u>上</u>貼點膏藥吧. 直接睡下的話會很辛苦的。

(23) 的

회사<u>에</u> 일이 많아서요. 〈오마이레이디 16회〉

公司<u>的</u>事實在是太多了。

(24) 在 … 上

이 기사가 연예면<u>에</u> 나올까? 〈추적자 2회〉

這個報道會出現<u>在</u>娛樂報<u>上</u>？

(25) 在 … 裏

저도 곧 누나랑 칵핏<u>에</u> 앉아서 조정할 거예요. 〈부탁해요 캡틴 14회〉

我也很快會和姐姐一起坐<u>在</u>機艙<u>裏</u>一起駕駛。

(26) 中

아무리 발버둥쳐도 신가산업은 부도나고 해미도는 내손<u>에</u> 들어오게 돼있어. 〈49일 17회〉

不管如何掙紮,申家產業終會破產,海味島也會到我手中。

　　예문 (19)에서 '동물원'은 목표 처소이고 뒤에 이동 동사 '가다'가 있기 때문에 '-에'에 대응되는 중국어 표현이 없다. '회사'는 존재 처소이기 때문에 '-에'와 대응되는 중국어 표현이 없다. 중국어 문장에 '在'가 있지만 이는 '-에'의 대응 표현이 아니고 '있다'의 대응 표현이다.4) 예문 (20)-(22)에서의 '-에'는 중국어의 '裏, 在, 上'와 대응된다. 한국어 문장에서 '-에'는 장소 명사에 후행하지만 중국어 문장에서는 반드시 그렇지는 않다. '在'는 장소 명사에 선행하고 '裏, 上'는 장소 명사에 후행하는 것이다. '在'는 장소 개사이기 때문에 장소 앞에 와야 하고 '裏, 上'는 방위 명사이기 때문에 장소 뒤에 와야 하기 때문이다. 그래서 '집에'는 중국어로 '家裏'이고, '은행에'는 '在銀行'이고, '손에'는 '手上'이다. 예문 (23)에서의 '-에'는 중국어 조사 '的'와 대응되는 현상을 보인다. 여기서의 '-에'는 관형격인 '-의'의 의미이기 때문에 그와 비슷한 의미를 가진 중국어 조사 '的' 와 잘 대응되는 현상을 보인다. 예문 (24)-(25)에서 '-에'의 중국어 대응 표현은 '在 … 上', '在 … 裏'와 같이 개사와 방위 명사로 구성된 개사구이다. 개사구에서 장소 명사는 개사와 방위 명사의 중간에 위치한다. '在娛樂報上'와 '在機艙裏'에서 '娛樂報'와 '機艙'는 '在 … 上' 와 '在 … 裏'의 가운데에 있다. 예문 (26)에서 '-에'의 중국어 대응 표현 '中'는 방위 명사이기 때문에 '手'의 뒤에 위치한다.

　　이처럼 드라마 병렬말뭉치에 나타난 '-에'의 장소, 자리 의미에 대

---

4) 백설(2012)에서는 '어머님이 집에 계신데요.'라는 문장의 '-에'가 중국어 '在'에 대응된다고 하였는데 이는 잘못된 분석이다. 이때 '-에'는 중국어 대응 표현이 없으며, '계시다'의 중국어 대응 표현이 '在'이다.

응되는 중국어의 양상을 정리하면 다음 〈표 10〉과 같다.

〈표 10〉 조사 '-에'의 장소, 자리 의미에 대응되는 중국어 양상

	중국어 대응 양상	빈도	비율
한국어 조사 '-에'	대응 없음	802	79%
	裏(방위 명사)	102	10%
	在(개사)	55	5%
	上(방위 명사)	29	3%
	的(구조 조사)	5	1%
	在 … 上(개사구)	12	1%
	在 … 裏(개사구)	8	1%
	中(방위 명사)	4	0%
합계		1,017	100%

　분석 결과, '-에'의 장소, 자리의 의미에 대응되는 중국어 양상은 다양하게 나타났다. 한국어 용례에서는 '장소' 의미가 하나인데 그의 중국어 대응 양상은 8가지이다. 그중 '-에'의 대응 표현이 존재하지 않는 '대응 없음' 유형이 특히 높은 빈도를 보였다. 즉 한국어에서 '장소'를 나타내는 '-에'는 중국어에서 상당 부분 '대응 없음'으로 실현되는 현상을 보였다. 이를 '-에'의 유형별로 더 자세히 살펴보자면, 존재 처소 뒤에 오는 '-에'는 그에 대응되는 중국어 표현이 없고 그의 장소 의미는 중국어의 동사 자체의 의미를 통해 표현된다. 목표 처소 뒤에 오는 '-에'가 이동 동사와 같이 쓰일 경우에도 역시 중국어에서는 대응되는 표현이 없다. 대응되는 언어적 표현이 실현된 경우 중에는 '裏, 在' 2가지 표현이 비교적으로 많이 출현하였다. 한국어에서 '-에'는 조사이지만 그 중국어 대응 표현은 조사가 아니라 '방위 명

사'와 '개사'였다.

이상의 분석 결과를 언어 학습에 적용시켜 본다면, 실제 언어 사용에서 한국어 조사 '-에'의 중국어 대응 없음의 예가 79%로 거의 대부분을 차지하는 만큼, 한국어 '-에'가 장소를 나타낼 때 학습자들이 이를 중국어 대응 없음으로 먼저 생각하면 오류를 줄일 수 있다는 결론을 내릴 수 있다.

4.3.1.2 시간

병렬말뭉치에서 '-에'의 시간 의미로 나타나는 용례는 824개였다. 그는 모두 중국어와 잘 대응되지 않았다.

(27) 대응 없음
　ㄱ. 주말에 시간 되냐? 회장님하고 식사나 하자.
　　〈오마이레이디 13회〉
　ㄴ. 周末有空嗎? 跟會長吃個飯。

예문 (27)에서 '주말에'의 '-에'는 '주말'과 결합하여 시간 의미를 나타낸다. '주말에'의 중국어 대응 표현을 보면 '주말'의 중국어 표현 '周末'만 있고 '-에'의 중국어 대응 표현이 없다. 이를 통하여 시간을 나타내는 '-에'의 경우 별도의 중국어 대응 표현이 없다는 것을 알 수 있다.

4.3.1.3 대상

병렬말뭉치에서 '-에'의 대상 의미로 나타나는 용례는 512개였다.

그는 중국어와 어떻게 대응되는지 다음 예문을 통하여 살펴보고자
한다.

(28) 대응 없음

아이 엄마에 대해서 어떻게 아시죠? 〈오마이레이디 15회〉

你認識孩子的媽媽嗎?

(29) 給

이러려고 우리 회사에 투자한 거야? 〈오마이레이디 13회〉

你是爲了來戳我脊梁骨才要給公司投資的嗎?

예문 (28)에서 '-에 대하다'와 같은 고정표현에 대응되는 중국어
표현이 나타나지 않음을 확인하였다. 예문 (29)를 보면 '-에'는 '투자
하다'의 대상인 '회사'의 뒤에 있으며 중국어 '給'와 대응되었다. 이
때 '給'는 개사이기 때문에 회사(公司)의 앞에 쓰였다.

이처럼 드라마 병렬말뭉치에 나타난 '-에'의 대상 의미에 대응되는
중국어의 양상을 정리하면 다음 〈표 11〉과 같다.

〈표 11〉 조사 '-에'의 대상 의미에 대응되는 중국어 양상

	중국어 대응 양상	빈도	비율
한국어 조사 '-에'	대응 없음	507	99%
	給(개사)	5	1%
합계		512	100%

위의 표에 나타나 있듯이 '-에'의 대상 의미에 대응되는 중국어
표현은 2가지가 있는데 그 대부분은 '대응 없음'으로 나타났다. '마음

에 들다'나 '-에 대하여' 같은 표현에 쓰인 대상의 '-에'는 특별한 중국어 대응 표현을 갖지 않는 것이다.

4.3.1.4 원인

병렬말뭉치에서 '-에'의 원인 의미로 나타나는 용례는 337개였다. 그는 모두 중국어와 잘 대응되지 않았다.

(30) 대응 없음

ㄱ. 회사 일 때문<u>에</u> 빨리 결혼하라는 거야? 〈49일 1회〉
因爲公司的事,早點結婚的嗎?

ㄴ. 그런데 오늘은 뭐 때문<u>에</u> 모이래? 〈추적자 5회〉
但是今天又是怎麼回事?

예문 (30)에서처럼 '-에'가 '-기 때문' 뒤에 붙어 사용될 때에는 특별한 중국어 대응 표현이 없고 '因爲, 怎麼' 등 '때문'에 대한 중국어 대응 표현만 사용된다.

4.3.1.5 상황

병렬말뭉치에서 '-에'의 상황 의미로 나타나는 용례는 302개였다. 그는 모두 중국어와 잘 대응되지 않았다.

(31) 대응 없음
세상<u>에</u> 공짜는 없어. 〈부탁해요 캡틴 13회〉
世上哪有免費的午餐。

예문 (31)에서 '세상에'의 '-에'는 상황 의미를 뜻한다. '세상에'의 중국어 대응 표현 '世上'으로 '-에'에 대응되는 중국어 표현이 없다는 현상을 보인다.

4.3.1.6 강조

병렬말뭉치에서 '-에'의 강조 의미로 나타나는 용례는 137개였다. 그는 모두 중국어와 잘 대응되지 않았다.

(32) 대응 없음

정말 그 방법밖<u>에</u>는 없었나. 〈부탁해요 캡틴 20회〉
唯有這個方法。

예문 (32)에서 '밖에 없다'의 '-에'는 강조 의미를 뜻한다. '밖에 없다'의 중국어 대응 표현은 '唯有'로, '-에'에 대응되는 중국어 표현이 없다는 것을 보인다.

4.3.1.7 기준

병렬말뭉치에서 '-에'의 기준 의미로 나타나는 용례는 106개였다. 그는 중국어와 어떻게 대응되는지 다음 예문을 통하여 살펴보고자 한다.

(33) 대응 없음

내가 보기<u>에</u>는 네 사정이 훨씬 더 딱하다. 〈부탁해요 캡틴 8회〉
我看是因爲你的私情。

(34) 在 … 來

물론 내 눈<u>에</u>는 강 팀장이 신가 돈 높이기 싫어하는 걸로 보이지? 〈49일 10회〉

爲什麼在我看來,薑室長像是不願放手申家的錢呢?

(35) 在 … 裏

물론 내 눈<u>에</u>는 네가 더 예뻐. 〈내 여자친구는 구미호 3회〉

當然在我眼裏你最漂亮。

예문 (33)에서 '-에'는 '내가 보기'에 결합되어 기준 의미로 나타났다. 이 경우 '-에'에 대응되는 중국어 표현이 존재하지 않는다. 이 예에서는 '보기'가 동명사이기 때문에 '-에'의 중국어 대응 표현이 없다는 것이다. 반면, 예문 (34)-(35)의 경우, '내 눈에는'에서 '눈'은 구체 명사이기 때문에 '-에'의 중국어 대응 표현 2가지로 나타났다. 즉, 개사구인 '在 … 來', '在 … 裏'이다. 이 때 기준 명사는 개사구의 중간에 위치한다.

이처럼 드라마 병렬말뭉치에 나타난 '-에'의 기준 의미에 대응되는 중국어의 양상을 정리하면 다음 〈표 12〉와 같다.

〈표 12〉 조사 '-에'의 기준 의미에 대응되는 중국어 양상

	중국어 대응 양상	빈도	비율
한국어 조사 '-에'	대응 없음	99	93%
	在 … 來(개사구)	4	4%
	在 … 裏(개사구)	3	3%
합계		106	100%

〈표 12〉에 나타나 있듯이 '-에'의 기준 의미에 대응되는 중국어 양상은 3가지가 있다. 그 가운데 대응 없음이 가장 빈도가 높았는데 이를 통하여 실제 의사소통 상황에서 한국어의 기준 의미인 '-에'는 그에 대응되는 중국어가 없다는 경향을 알 수 있다.

4.3.1.8 단위

병렬말뭉치에서 '-에'의 단위 의미로 나타나는 용례는 49개였다. 그는 모두 중국어와 잘 대응되지 않았다.

(36) 대응 없음

　　일주일에 두 번씩. 〈추적자 4회〉

　　一周兩次。

예문 (36)에서 '일주일에'의 '-에'는 단위 의미를 뜻한다. '일주일에'의 중국어 대응 표현 '一周'에서 '일주일'의 중국어 표현 '一周'이고 '-에'의 중국어 대응 표현은 없었다.

4.3.1.9 도구, 수단

병렬말뭉치에서 '-에'의 도구, 수단 의미로 나타나는 용례는 23개였다. 그는 모두 중국어와 잘 대응되지 않았다.

(37) 대응 없음

　　우리 닭 숯불에 구운 거라 맛있죠? 〈내 여자친구는 구미호 13회〉

　　我家雞是木炭烤的,好吃吧？

예문 (37)에서 '숯불에'의 '-에'는 도구 의미를 뜻한다. '숯불에'의 중국어 대응 표현 '木炭'에서 '木炭'는 '숯불'의 중국어 표현으로 '-에'의 중국어 대응 표현이 없다는 것을 보인다.

4.3.1.10 나열

병렬말뭉치에서 '-에'의 나열 의미로 나타나는 용례는 16개였다. 그는 중국어와 어떻게 대응되는지 다음 예문을 통하여 살펴보고자 한다.

(38) 和(跟)

어디서 무슨 일을 하나 내 앞에, 내 딸 앞에만 나타나지 마.
〈부탁해요 캡틴 5회〉
無論你去哪兒做什麽事,永遠不要出現在我**和**我女兒面前。

(39) 대응 없음

현관문에, 엘리베이터에, 아파트 벽에. 〈추적자 4회〉
大廳門, 電梯口, 公寓牆。

예문 (38)에서 '앞에'를 두 번 썼지만 중국어 번역에서는 접속사 '和(跟)'만 사용되었다. 이는 조사 '-에'의 대응 중국어 표현이 접속사이기 때문이다. 즉 '내 앞에, 내 딸 앞에'는 중국어는 '我和我女兒面前'인 것이다. 예문 (39)에서는 '-에'가 세 번 사용되었지만 그에 대응되는 중국어 표현은 존재하지 않는다.

이처럼 드라마 병렬말뭉치에 나타난 '-에'의 나열 의미에 대응되는 중국어의 양상을 정리하면 다음 〈표 13〉과 같다.

<표 13> 조사 '-에'의 나열 의미에 대응되는 중국어 양상

	중국어 대응 양상	빈도	비율
한국어 조사 '-에'	和(跟)(접속사)	11	69%
	대응 없음	5	31%
합계		16	100%

위의 표를 보면 병렬말뭉치에서 나열 의미를 지닌 '-에'에 대응되
는 중국어 표현은 2가지가 있다. 하나는 '和(跟)'이고, 다른 하나는
대응 없음이었다.

4.3.1.11 자격

병렬말뭉치에서 '-에'의 자격 의미로 나타나는 용례는 12개였다.
그는 모두 중국어와 잘 대응되지 않았다.

(40) 대응 없음

　　제이역에 김미정. 〈오마이레이디 15회〉
　　二號的扮演者是金美英。

예문 (40)에서 '역에'의 '-에'는 자격 의미를 뜻한다. '역에'의 중국
어 대응 표현 '扮演者'에서 '역'의 중국어 표현 '扮演者'이고 '-에'의
중국어 표현은 나타나지 않았다.

4.3.1.12 첨가

병렬말뭉치에서 '-에'의 첨가 의미로 나타나는 용례는 12개였다.
그는 모두 중국어와 잘 대응되지 않았다.

(41) 대응 없음

거기다 다림질에 장 봐서 저녁 준비. 저것들 손빨래까지.

〈49일 8회〉

熨衣服, 買菜准備晩飯, 還有那些手洗的衣服。

예문 (41)에서 '다림질에'의 '-에'는 첨가 의미를 뜻한다. '다림질에'의 중국어 대응 표현 '熨衣服'에서 '다림질'의 중국어 대응 표현은 '熨衣服'으로 '-에'의 중국어 표현이 나타나지 않았다.

4.3.1.13 범위

병렬말뭉치에서 '-에'의 범위 의미로 나타나는 용례는 3개였다. 그는 모두 중국어와 잘 대응되지 않았다.

(42) 대응 없음

실장님, 제 의상 중에 흰 치마 있어요? 〈내 여자친구는 구미호 3회〉

室長, 我的服裝裏有白裙子嗎?

예문 (42)에서 범위 의미를 지닌 '-중'의 중국어 대응 표현은 '裏'이고 '-에'의 중국어 대응 표현은 나타나지 않았다.

이상으로 한국어 조사 '-에'의 13가지 의미와 각 의미에 대응되는 중국 양상을 살펴보았는데 이를 다시 한 번 정리하면 다음과 같다.

〈표 14〉 한국어 조사 '-에'의 각 의미에 대응되는 중국어 양상

한국어 조사 '-에'		중국어 대응 양상	종류
①	장소, 자리	裏	8가지
		在	
		上	
		的	
		在 … 上	
		在 … 裏	
		中	
		대응 없음	
②	대상	給	2가지
		대응 없음	
③	기준	在 … 來	3가지
		在 … 裏	
		대응 없음	
④	나열	和(跟)	2가지
		대응 없음	
⑤	상황	대응 없음	1가지
⑥	원인	대응 없음	1가지
⑦	강조	대응 없음	1가지
⑧	자격	대응 없음	1가지
⑨	시간	대응 없음	1가지
⑩	단위	대응 없음	1가지
⑪	도구, 수단	대응 없음	1가지
⑫	첨가	대응 없음	1가지
⑬	범위	대응 없음	1가지

4.3.2 드라마 병렬말뭉치에서의 '-에서'에 대응되는 중국어 양상

이 절에서는 드라마 병렬말뭉치에서 추출한 '-에서'의 용례 897개를 분석하여 그에 대응되는 중국어 양상을 살펴보고자 한다.

4.3.2.1 장소

병렬말뭉치에서 '-에서'의 장소 의미로 나타나는 용례는 704개였다. 그는 중국어와 어떻게 대응되는지 다음 예문을 통하여 살펴보고자 한다.

(43) 在

　낮에 어디<u>에서</u> 일할 건데요? 〈49일 17회〉

　白天**在**哪裏工作呢?

(44) 裏

　이 바닥<u>에서</u>는 아주 많이 자주 일어나는 일이야. 〈오마이레이디 8회〉

　這個圈子**裏**發生的非常多數不清。

(45) 上

　오늘 저녁때 한국영화제<u>에서</u> 특별상을 받게 됐습니다. 〈내 여자 친구는 구미호 10회〉

　今晚韓國電影節**上**, 我得了特別奬。

(46) 在 … 裏

　차<u>에서</u> 할 얘기 아니에요. 〈49일 13회〉

　不方便**在**車**裏**說。

(47) 在 … 上

　세상<u>에서</u> 가장 좋아하는 게 나고. 〈추적자 1회〉

<u>在</u>這世界<u>上</u>第一個是喜歡我。

(48) 在 … 中

이 재판<u>에서</u> 그렇게 이기고 싶습니까? 〈추적자 3회〉

那麼想<u>在</u>這場裁判<u>中</u>獲勝嗎?

(49) 在 … 下

이 상태<u>에서</u> 무리하게 되면 액션은커녕 걷지도 못하게 됩니
다. 〈내 여자친구는 구미호 5회〉

<u>在</u>現在這種狀態<u>下</u>如果太勉强, 別說是動作, 可能連路都
走不了。

(50) 대응 없음

돈 많이 벌어서 할아버지 좋은 집<u>에서</u> 편히 살게 하고 싶은데.
〈부탁해요 캡틴 14회〉

以後賺很多錢讓爺爺住好房子。

예문 (43)에서 '어디에서'는 '일을 하는 행동의 장소'이다. 그 뒤에
결합된 '-에서'는 중국어에서 개사 '在'로 나타났다. 개사 '在'는 장소
의문사 '哪裏'의 앞에 쓰인다. 예문 (44)-(45)에서 '-에서'는 중국어에
서 '裏, 上'에 대응되었다. '裏, 上'는 '圈子(바다), 電影節(영화제)'
의 뒤에 쓰였다. 예문 (46)-(49)에서 조사 '-에서'의 중국어 대응 표현
은 개사구인 '在 … 裏', '在 … 上', '在 … 中', '在 … 下'이다. 한국
어 문장에서 명사는 '-에서'의 앞에 있지만 중국어 문장에서 명사는
개사구의 중간에 있다. 즉 '차에서'는 '在車裏'이고, '세상에서'는 '在
這世界上'이고, '이 재판에서'는 '在這場裁判中'이고, '이 상태에서'
는 '在現在這種狀態下'이다. 예문 (50)에서 '집에서'는 사는 행위의

장소를 뜻하는데 그의 중국어 대응 문장은 의역된 문장이기 때문에 '-에서'의 중국어 대응 표현이 나타나지 않았다.

이처럼 드라마 병렬말뭉치에 나타난 '-에서'의 장소 의미에 대응되는 중국어의 양상을 정리하면 다음 〈표 15〉와 같다.

〈표 15〉 조사 '-에서'의 장소 의미에 대응되는 중국어 양상

	중국어 대응 양상	빈도	비율
한국어 조사 '-에서'	在(개사)	400	57%
	上(명사)	29	4%
	裏(명사)	12	2%
	在 … 裏(개사구)	32	4%
	在 … 上(개사구)	11	2%
	在 … 中(개사구)	6	1%
	在 … 下(개사구)	9	1%
	대응 없음	205	29%
합계		704	100%

분석 결과, 장소 의미를 지닌 '-에서'는 8가지 중국어 표현과 대응되었는데, 이들 간에 다양한 대응 관계가 있음을 알 수 있었다. 그 가운데 가장 빈도가 높게 나타난 것은 '在'와 '대응 없음'이었다. 즉, 실제 의사소통 상황에서 장소 의미를 가진 '-에서'는 중국어 '在' 및 '대응 없음'과 밀접한 관련이 있는 것이다. 또한 '-에서'의 범주는 조사인데 그의 중국어 대응 표현은 '개사', '명사', '개사구'가 있었다.

4.3.2.2 출발점

병렬말뭉치에서 '-에서'의 출발점 의미로 나타나는 용례는 104개였다. 그는 중국어와 어떻게 대응되는지 다음 예문을 통하여 살펴보

고자 한다.

(51) 從

그러니까 이제 그만 내 집<u>에서</u> 나가줘요. 〈오마이레이디 10회〉

所以你也<u>從</u>我家出去吧。

(52) 대응 없음

이 감독도 아직 서울<u>에서</u> 안 왔다는데요. 〈오마이레이디 11회〉

李導演他們還沒出首爾呢。

예문 (51)에서의 '집에서'는 나가는 행동의 출발점을 의미한다. 이
때 '-에서'는 개사 '從'와 대응되었다. 그래서 '從'는 '家(집)'의 앞에
쓰였다. 예문 (52)에서 '서울에서'는 오는 행동의 범위 기준을 나타낸
다. 그에 대응되는 중국어 문장은 의역 문장이기 때문에 '-에서'의
중국어 대응 표현이 나타나지 않았다.

이처럼 드라마 병렬말뭉치에 나타난 '-에서'의 출발점 의미에 대응
되는 중국어의 양상을 정리하면 다음 〈표 16〉과 같다.

〈표 16〉 조사 '-에서'의 출발점 의미에 대응되는 중국어 양상

	중국어 대응 표현	빈도	비율
한국어 조사 '-에서'	從(개사)	67	64%
	대응 없음	37	36%
합계		104	100%

〈표 16〉을 보면, 출발점 의미를 지닌 '-에서'가 개사 '從'와 '대응
없음'의 2가지 중국어 표현과 대응됨을 알 수 있다. 한국어 '-에서'는

조사인데 그의 중국어 대응 표현은 조사가 아니라 개사이다.

4.3.2.3 비교의 기준

병렬말뭉치에서 '-에서'의 비교의 기준 의미로 나타나는 용례는 53 개였다. 그는 중국어와 어떻게 대응되는지 다음 예문을 통하여 살펴보고자 한다.

(53) 在 … 上
　　선생님 입장에서는 떠나라고 하는 게 당연해요. 〈49일 18회〉
　　在醫生的立場**上**, 叫我離開是當然的事情。

(54) 在 … 看來
　　지현이 어머니 입장에서는 너무 기막히죠. 3만원 벌러 2시간 50만원 까먹었으니까. 〈49일 16회〉
　　在智賢媽媽**看來**,確實是很不可理喩。爲了賺3萬塊， 而白費了兩小時50萬的學費。

예문 (53)-(54)에서 볼 수 있듯이 '-에서'는 중국어에서 조사가 아닌 개사구 '在 … 上, 在 … 看來'에 대응된다. 그래서 한국어 문장에서는 기준을 나타내는 명사 뒤에 '-에서'가 쓰인 반면, 중국어 문장에서는 기준을 나타내는 명사가 개사구의 중간에 있다. '선생님 입장에서'는 '在醫生的立場上', '지현이 어머니 입장에서'는 '在智賢媽媽看來'이다.

이처럼 드라마 병렬말뭉치에 나타난 '-에서'의 비교의 기준 의미에 대응되는 중국어의 양상을 정리하면 다음 〈표 17〉과 같다.

〈표 17〉 조사 '-에서'의 비교의 기준 의미에 대응되는 중국어 양상

	중국어 대응 양상	빈도	비율
한국어 조사 '-에서'	在 … 上(개사구)	38	72%
	在 … 看來(개사구)	15	28%
합계		53	100%

〈표 17〉에 나타난 바와 같이, 한국어에서 비교의 기준 의미를 가진 '-에서'가 '在 … 上', '在 … 看來' 2가지 중국어 표현과 저 빈도로 대응되는 현상을 보인다. 한국어 '-에서'는 조사인데 그의 중국어 대응 표현은 조사가 아니라 개사구이다.

4.3.2.4 주격조사

병렬말뭉치에서 '-에서'의 주격조사 의미로 나타나는 용례는 28개였다. 그는 모두 중국어와 잘 대응되지 않았다.

(55) 대응 없음
　　재판부에서 판단해 주십시오. 〈추적자 3회〉
　　請法官大人決定。

예문 (55)에서는 '재판부에서'의 '-에서'는 주격 조사이다. 이때 '-에서'의 중국어 대응 표현이 나타나지 않았다.

4.3.2.5 관용 표현

병렬말뭉치에서 '-에서'의 관용 표현 의미로 나타나는 용례는 8개였다. 대표적인 예문은 다음과 같다.

(56) 敢

어디에서 협박이야! 〈49일 6회〉

你**敢**威脅我!

예문 (56)과 같이 '어디에서'가 관용 표현으로 쓰인 예문인데, 중국어 '敢, 竟敢' 등의 부사들과 대응되는 현상이 나타났다.

이상으로 한국어 '-에서'의 각 의미는 대응되는 중국어 표현을 살펴봤는데 이를 간단히 정리하면 다음과 같다.

〈표 18〉 한국어 '-에서'의 각 의미에 대응되는 중국어 양상

	한국어 조사 '-에서'	중국어 대응 표현	종류
①	장소	在	7가지
		上	
		裏	
		在 … 裏	
		在 … 上	
		在 … 中	
		在 … 下	
②	출발점	從	2가지
		대응 없음	
③	비교의 기준	在 … 上	2가지
		在 … 看來	
④	주격조사	대응 없음	1가지
⑤	관용 표현	敢/竟敢	2가지

'-에'와 '-에서'의 중국어 대응 표현을 비교해 볼 수 있도록 함께 정리하면 다음 〈표 19〉와 같다.

〈표 19〉 한국어 '-에'와 '-에서'의 각 의미에 대응되는 중국어 양상

'-에' 의미		중국어 대응 양상	'-에서' 의미		중국어 대응 양상
①	장소, 자리	裏	①	장소	裏
		在			在
		上			上
		中			在 … 上
		的			在 … 裏
		在 … 上			在 … 中
		在 … 裏			在 … 下
		대응 없음			대응 없음
②	대상	給	②	출발점	從
		대응 없음			대응 없음
③	기준	在 … 來	③	비교의 기준	在 … 上
		在 … 裏			在 … 看來
		대응 없음	④	주격조사	대응 없음
④	나열	和(跟)	⑤	관용 표현	敢/竟敢
		대응 없음			
⑤	상황	대응 없음			
⑥	원인	대응 없음			
⑦	강조	대응 없음			
⑧	자격	대응 없음			
⑨	시간	대응 없음			
⑩	단위	대응 없음			
⑪	도구, 수단	대응 없음			
⑫	첨가	대응 없음			
⑬	범위	대응 없음			

　　'-에'와 '-에서'의 각 의미에 대응되는 중국어 표현을 분석한 결과는 다음과 같다. 먼저 '-에'의 의미는 '-에서'보다 많고 복잡하다. 하

지만 이 두 표현 모두 '장소' 의미를 나타낸다는 공통점이 있으며 중국어에서 '裏, 在, 上, 在 … 上, 在 … 裏'의 5가지 대응 표현을 공유하였다. 이처럼 '-에'와 '-에서'는 그 의미가 완전히 일치하지도, 완전히 분리되지도 않기 때문에 어떤 경우에는 중국어 대응 표현이 동일하고 어떤 경우에는 동일하지 않다. 따라서 이 두 조사의 중국어 대응 표현에 대한 상세한 설명이 없는 경우 중국어권 한국어 학습자는 어려움을 겪을 수밖에 없다.

본 연구 결과는 한중사전에서 '-에'와 '-에서'의 세부 의미에 따른 중국어 대역어를 제시할 때 유용한 기초 자료가 될 수 있을 것이다. 먼저 '-에'의 중국어 대역 표현을 보면 '장소, 거리' 의미의 '-에'는 중국어 명사 대역어 '裏, 上, 中', 구조 조사 '的', 개사 대역어 '在', 개사구 대역어 '在 … 上, 在 … 裏, 대응 없음'과 대응된다. '대상' 의미의 '-에'는 중국어 개사 대역어 '給, 대응 없음'과 대응되고, '기준' 의미의 '-에'는 중국어의 개사구 대역어 '在 … 來, 在 … 裏, 대응 없음'과 대응된다. '나열' 의미의 '-에'는 중국어 접속사 대역어 '和(跟)'와 '대응 없음'과 대응된다. '상황', '원인', '강조', '자격', '시간', '단위', '도구, 수단', '첨가', '범위'의 9가지는 중국어에서 '대응 없음'으로 나타난다.

다음으로 '-에서'의 중국어 대역어를 살펴보겠다. '장소' 의미 '-에서'의 중국어 대역어는 명사인 '裏, 上', 개사인 '在', 개사구인 '在 … 上, 在 … 裏, 在 … 中, 在 … 下', '대응 없음' 등이다. '출발점' 의미를 나타내는 '-에서'의 중국어 대역어는 개사인 '從', '대응 없음'이며 '비교의 기준'을 나타내는 '-에서'의 중국어 대역어는 개사구인 '在 … 上', '在 … 看來' 등이다. '주격 조사' 의미의 '-에서'는 중국어에서 '대응 없음'에 대응된다.

5. 맺음말

본 연구에서는 한중 드라마 병렬말뭉치의 용례를 토대로 한국어 조사 '-에', '-에서'의 중국어 대응 표현을 실증적으로 분석하였다. 본 연구의 결과와 기존 연구의 차이점은 다음과 같다.

첫째, 본 연구에서는 실제 언어생활에서의 쓰임에 근거하여 '-에', '-에서'가 다양한 중국어 표현에 대응됨을 확인하였는데 시중에 나와 있는 대부분의 한중사전에서는 대응 표현을 제대로 제시하지 않고 있다. 둘째, 한국어 '-에'와 '-에서'는 조사이지만 그에 대응되는 중국어 표현은 조사뿐만 아니라 '개사', '명사', '접속사', '개사구', '부사' 등으로 다양했다. 셋째, 한국어 '-에'와 '-에서'는 형태가 다르지만 이 두 조사가 '장소' 의미로 쓰일 경우 동일한 중국어 표현에 대응됨을 알 수 있었다. 이는 개사 '在', 방위 명사 '裏, 上', 개사구 '在 … 上, 在 … 裏'이다. 넷째, '-에'와 '-에서'의 세부 의미 중 일부는 중국어에 특정한 대응 표현이 존재하지 않음을 확인할 수 있었다. 특히 '-에'의 '상황', '강조', '자격', '시간', '단위', '도구, 수단', '첨가', '범위'의 의미는 중국어와 잘 대응되지 않는 현상을 보인다. 즉, 주로 중국어의 '대응 없음'으로 나타났다. 다섯째, '-에서'가 관용 표현으로 사용될 때 이는 중국어의 부사 '敢, 竟敢'와 대응되는 경우가 많았다. 여섯째, 기존 연구에서 밝히지 못했던 '-에'와 '-에서'의 다양한 중국어 대응 표현들을 밝혔다. 예를 들면 조건유(2013)에서는 '-에'의 장소 의미에 대응되는 중국어 표현이 '在'밖에 없다고 하였지만 실제 자료에서 '-에'의 장소 의미는 8가지 중국어 표현과 대응되었다.

본 연구에서는 실증적인 언어 자료인 병렬말뭉치를 분석하여 연구 결과를 제시하였기 때문에 중국어권 학습자를 대상으로 한 한국어 교육 현장에서 교수자 및 학습자에게 유용한 자료가 될 수 있다는 점에서 의의가 있다. 그리고 대조 언어학에서도 기초 자료로 활용될 가능성이 높다고 할 수 있겠다. 특히 한중사전에서 '-에'와 '-에서'의 대역어와 용례를 보충하는 데에 보탬이 될 수 있을 것이다. 다만, 본 연구는 입말인 드라마 병렬말뭉치에 나타난 용례만을 분석하였다는 점에서 한계가 있다.5)

5) 이 글은 『국제어문』65호, 103~140쪽에 실린 글을 수정·보완한 것임.

제 3 장

한국어 '있다'와 '없다'의 중국어 대응 양상 연구

1. 머리말

본 연구는 입말에서의 '있다' 와 '없다'의 어휘적 의미와 문법적 의미에 대응되는 중국어 양상을 알아보고, 그중 서로 반의 관계에 해당하는 것을 밝히는 데에 목적을 둔다. 한국어의 기본 어휘 중 하나인 '있다'와 '없다'는 일상생활의 여러 의사소통 상황에서 매우 다양하고 광범위하게 쓰이고 있다. '있다'와 '없다'의 어떤 의미적 계열성이나 아니면 통합 관계와 같은 것이 복잡한 양상을 띠지만 초급 학습자들은 그런 복잡한 양상을 구분할 수 없기 때문에 '없다'의 반의어로서의 '있다'라고 하는 것을 인식하는 정도이다. 그래서 이 연구에서는 '있다'의 의미를 세분화하지 않고 어휘적 의미와 문법적 의미로만 나눠서 중국어와의 대응 관계를 살펴보겠다. 또한 일반적으로 한국어의 '있다', '없다'는 의미상 반의 관계로 해석할 수 있다. 그러나 반의 관계를 형성하는 '있다' – '없다'의 경우에도 중국어에서는 그렇지 않은 경우가 있다. 이처럼 두 언어가 항상 일대일 대응을 이루고 있지 않아서 각 언어를 학습하는 학습자는 어려움을 느낄 수밖에 없다.

최근 한국어를 배우는 중국인 학습자에 대한 관심이 증가함에 따라 한중 대조 연구가 활발해지고 있지만 기초적이고 다양하게 쓰이는 '있다'-'없다'에 대한 한중 대조 연구는 그다지 많지 않다. 특히 한국어의 '있다', '없다'는 어휘적 의미뿐만 아니라 '-고 있다', '-(으)ㄹ 수 있다'와 같이 특정한 문형을 형성하는 문법적 의미로서도 자주 사용된다. 이처럼 복잡하고 다양하게 사용되는 한국어의 '있다', '없다'의 어휘적 의미와 문법적 의미로서의 쓰임을 모두 총망라하여 중국어와의 대응 양상을 대조 분석하는 연구가 필요한 시점이다. 또한 두 언어에서 '있다', '없다'의 반의 관계가 각각 어떻게 실현되는지도 살펴볼 필요가 있다.

이에 본 연구는 입말 자료인 약 23만 어절의 드라마 병렬말뭉치를 사용하여 '있다'의 용례 3,483개, '없다'의 용례 1,831개를 추출하였다.[1] 다음 '있다'와 '없다'의 어휘적 의미와 문법적 의미를 살펴보고 그에 대응되는 중국어 양상을 알아보겠다.[2] 마지막으로 드라마 병렬

----

1) 본 연구에서 사용한 병렬말뭉치의 규모와 처리 방법은 다음과 같다. 2010-2011년에 SBS 상영한 드라마 '내 여자 친구는 구미호'(16편), '오! 마이 레이디'(16편), '49일'(20편), '부탁해요. 캡틴'(20편), '추적자'(16편)이다. 처리방법은 먼저 Editplus3, U-tagger, U-taggerCorrector 프로그램을 사용하여 드라마 병렬말뭉치에서의 한국어 '있다'와 '없다'에 대응되는 중국어 대응 표현을 추출하였다. 그 후 추출한 문장을 여러 번 수작업으로 직접 확인하고 분석하였다.

2) 초급 한국어 교재에 '있다'와 '없다'에 대해 배열한 분야에 따라 본 연구에서는 '있다'와 '없다'의 어휘적 의미와 문법적 의미를 나누어서 연구하겠다. 예를 들어 어휘적 의미 '있다'는 『연세한국어 1』의 2과에서 어휘에 속하므로 어휘적 의미라고 하고 '-고 있다, -(으)ㄹ 수 있다'는 『연세한국어 1』의 9과

말뭉치에서 어휘적 의미로서의 '있다', '없다'와 문법적 의미로서의 '있다', '없다'에 대응하는 중국어 표현 가운데 어떤 의미가 서로 반의 관계를 이루는지를 밝히도록 하겠다.[3]

2. 선행 연구

한중 대조 언어 연구에서의 병렬말뭉치 활용의 필요성에 대해서는 신자영(2010), 민경모(2010) 등을 참고할 수 있다. 이 절에서는 본 연구의 내용과 직접적으로 관련이 되는 연구를 중심으로 '있다'와 '없다'의 중국어 표현에 대한 연구들을 검토해 보도록 하겠다. 유효홍(2009)에서는 '있다'에 대응되는 중국어 표현으로 '有, 在, 呆, 過, 發生, 是' 6가지, '-고 있다'에 대응되는 중국어 표현으로는 '在, 正在, 著' 3가지, '-어 있다'에 대응되는 표현은 '在, 著, 了' 이렇게 3가지가 있다고 제시한 바 있다. 왕위(2012)는 '있다'에 대응되는 중국어 표현 '有, 在, 處於, 是'의 4가지가 있다고 보았고, 왕정정(2014)에서 '있다'에 대응되는 중국어 표현 '有, 在, 呆, 過, 呆著, 是' 6가지, '-고 있다'에 대응되는 중국어 표현 '在, 正在, 呢, 著' 4가지, '-어 있다'에 대응되는 중국어 표현 '在, 著, 了' 3가지, '-(으)ㄹ 수 있다'에 대응되는 중국어 표현 '能, 會, 可, 能夠, 可能, 可以' 6가지가

에서 문법에 속하므로 문법적 의미라고 한다. '-(으)ㄴ 적(이) 있다, -아/어 있다'는 각 『연세한국어 2』의 2과, 6과에서 문법에 속하므로 문법적 의미라고 한다.

3) 드라마 병렬말뭉치를 선택한 이유는 입말 자료가 여러 가지 구어 의사소통을 비교적 잘 반영하고 있다고 판단했기 때문이다.

있다고 밝혔다. 김정애(2013)에서는 '-고 있다, -아/어 있다' 구문과 중국어 '著' 구문을 대조하여 연구하였다. 진려하(2014)에서는 '-고 있다, -어 있다'에 대응되는 중국어 표현 '在, 正在, 呢, 著, 了'가 있다고 하였다.

이상을 종합해 보면 기존 연구에서는 학자에 따라 '있다'에 대응한다고 제시하는 중국어 표현 목록들이 사뭇 차이가 있음을 확인할 수 있다. 이렇게 '있다'에 대응하는 중국어 표현 목록이 학자별로 다르고 '없다'에 대한 대조 연구가 진행되지 않다는 점은 이 두 어휘의 의미와 쓰임이 매우 폭넓고 다양해서 분석하기 어렵다는 점을 시사해 준다. 또한 이러한 연구 결과들이 '있다', '없다' 두 어휘의 실제적인 의사소통 상황에서의 쓰임을 반영하고 있는가에 대해서도 의문을 제기해 볼 수 있다. 한국어와 중국어 두 언어 간의 실제적인 대응 양상을 살펴보려면 일상생활에서 자연스럽게 쓰이는 입말 자료를 바탕으로 면밀하게 분석해야 할 것이다. 본 연구는 중국어권 한국어 학습자의 원활한 학습 능력을 고취시키는 데 목적을 두고 있으므로, 일상생활에서의 의사소통 상황을 가장 잘 보여준다고 판단되는 드라마 입말 자료를 활용하여 한국어의 '있다', '없다'와 대응하는 중국어 양상을 분석하여 제시하고자 한다.

3. 병렬말뭉치에서의 '있다'와 '없다'의 분석 결과

본 연구에서 활용한 드라마 병렬말뭉치는 약 23만 어절로 구성되어 있다. 이 중, '있다'를 포함하는 구문 3,483개와 '없다'를 포함하는 구문 1,831개를 어휘적 의미와 문법적 의미 기준으로 살펴보았다. 대표적인 예문을 통하여 살펴보기로 한다.

(1) '있다' 어휘적 의미

　　여기 **있**네. 〈오마이레이디 1회〉

(2) '없다' 어휘적 의미

　　언니 **없**어요. 〈49일 10회〉

(3) '있다' 문법적 의미

　　ㄱ. 어. 구경하**고 있**었어. 〈내 여자친구는 구미호 14회〉

　　ㄴ. 추운데 왜 나**와 있**어? 〈부탁해요 캡틴 14회〉

　　ㄷ. 참**을 수 있**어. 〈내 여자친구는 구미호 11회〉

　　ㄹ. 생각해 **본 적 있**냐고? 〈부탁해요 캡틴 8회〉

(4) '없다' 문법적 의미

　　ㄱ. 당신을 보낼 **수가 없**어요. 〈내 여자친구는 구미호 13회〉

　　ㄴ. 뺏어**간 적 없**는데요. 〈부탁해요 캡틴 19회〉

　예문 (1-2)는 각각의 '있다'와 '없다' 어휘적 의미의 예문들이다. 예문 (3-4)는 각각의 '있다'와 '없다' 문법적 의미의 예문들이다. 이처럼 드라마 병렬말뭉치에 나타난 '있다'와 '없다' 어휘적 의미와 문법적 의미에 대해 분석한 각 의미의 빈도 양상은 다음 〈표 1〉과 같다.

〈표 1〉 '있다'와 '없다'의 분석 결과

	'있다'	빈도		비율	'없다'	빈도		비율
어휘적 의미	있다	2,043		59%	없다	1,482		79%
문법적 의미	-고 있다		666		-		-	
	-아/어 있다		79		-		-	
	-(으)ㄹ 수 있다4)	1,440	674	41%	-(으)ㄹ 수 없다	349	310	21%
	-(으)ㄴ적 (이) 있다		21		-(으)ㄴ적 (이) 없다		39	
합계	'있다'	3,483		100%	'없다'	1,831		100%

분석 결과에 따르면 드라마 병렬말뭉치에 나타난 '있다'와 '없다'의 쓰임은 매우 다양하게 나타난다. 먼저 양적인 측면에서 보면 '있다'의 사용 빈도수가 '없다'보다 더 높음을 알 수 있는데 이를 통해 입말에서는 '있다'를 더 많이 사용하는 경향이 있다는 것을 알 수 있다. 다음으로 '있다'와 '없다'는 어휘적 의미로는 모두 사용되지만 문법적 의미로는 구성하는 문형이 서로 다름을 확인할 수 있다. 문법적 의미로서의 '있다'는 '-고 있다, -아/어 있다, -(으)ㄹ 수 있다, -(으)ㄴ적(이) 있다'의 4가지로 실현되었다. 반면 '없다'는 '-(으)ㄹ 수 없다, -(으)ㄴ적(이) 없다'의 2가지로 나타난다. 이에 따라 '있다'

---

4) 본 연구에서의 문법적인 의미는 사전에서의 문법적인 의미가 아니라 한국어 초급 교재의 문법 부분에 나타난 의미이다. 그래서 '-(으)ㄹ 수 있다'의 '있다'는 『표준국어대사전』에서는 형용사로 나타나지만 한국어 교재에서는 문법 부분에 나타났기 때문에 '문법적 의미'로 분류하였다. 다시 말하면 『연세한국어 1』의 9과에서 '-(으)ㄹ 수 있다'는 문법 부분에서 나타나기 때문에 문법적인 의미의 '있다'로 보았다.

와 '없다'가 서로 반의 관계를 지니는 표현은 '-(으)ㄹ 수 있다/없다', '-(으)ㄴ 적(이) 있다/없다'의 2가지가 있다.

분석 결과 가장 특징적인 점은, 총 빈도 면에서 문법적 의미의 '있다'가 문법적 의미의 '없다'보다 더 높지만, '-(으)ㄴ 적(이) 있다/없다'의 경우, '없다'의 빈도가 '있다'보다 더 높게 나타났다는 것이다. 이런 결과를 통하여 일상생활에서 사람들이 자기가 경험한 것보다 하지 못한 것에 대해 더 많이 얘기하는 경향이 있음을 알 수 있다.

이상으로 '있다'와 '없다'가 서로 반의 관계를 가지는 표현은 어휘적 의미로서의 '있다'와 '없다', 문법적 의미로서의 '-(으)ㄹ 수 있다/없다', '-(으)ㄴ적(이) 있다/없다'로 정리할 수 있다.

4. 병렬말뭉치에 나타난 '있다'와 '없다'의 중국어 대응 양상

4.1 어휘적 의미 '있다'와 '없다'에 대응되는 중국어 양상

앞서 보았듯이 병렬말뭉치에서 나타난 어휘적 의미의 '있다'와 '없다' 용례는 3,525개였다. 그는 어떤 중국어와 대응되는지 살펴보도록 하겠다.

4.1.1 어휘적 의미 '있다'에 대응되는 중국어 표현

병렬말뭉치에서 어휘적 의미의 '있다' 용례는 2,043개로 나타났다. 그는 어떤 중국어와 대응되는지 다음 예문을 통하여 살펴보고자 한다.

　(5) 有:
　　　약속이 **있어**. 〈내 여자친구는 구미호 11회〉

我**有**約會。

(6) 在:

여기 **있**네. 〈오마이레이디 1회〉

在這啊。

(7) 發生:

무슨 일 **있**나? 〈오마이레이디 12회〉

發生什麼事情了?

(8) 出(了):

무슨 일 **있**어? 〈부탁해요 캡틴 4회〉

出什麼事了嗎?

(9) 待:

그냥 좀 **있**을게요. 〈부탁해요 캡틴 12회〉

我就**待**一會。

(10) 대응 없음:

ㄱ. 여기에 **있**던 인형들 다 어디 갔어요? 〈49일 4회〉

這裏的玩具都哪去了?

ㄴ. 이때 주의할 점이 **있**다. 〈부탁해요 캡틴 19회〉

這時請注意。

(11) 다표현

ㄱ. 고마워, 강아. 왔구나? **있잖아**, 언니가. 〈49일17회〉

謝謝你, 阿江, 你來啦? **你知道嗎**, 姐姐她 …

ㄴ. **있잖아**. 〈부탁해요 캡틴 10회〉

那個。

예문 (5-9)에서 '있다'는 중국어 '有, 在, 發生, 出(了), 待'로 번역되어 서로 대응되었다. 통사적 측면에서 예문 (5)를 보면, '있다'의 앞에 주격 조사 '이/가'가 있는 경우에는 대부분 '有'로 번역되었다. 예문 (6)과 같이 '있다'의 앞에 '장소'의 의미를 나타내는 부사격 조사 '에'가 실현되면 주로 '在'로 번역된다. 예문 (7-8)과 같이 '있다'의 '발생' 의미로 나타날 때 중국어로 '發生, 出(了)' 2가지 표현으로 번역됨을 알 수 있다. 예문 (9)는 '있다'가 시간을 의미로 나타날 때 중국어 '待'로 번역됨을 보인다. 예문 (10)은 앞서 언급한 바와 같이 의역 등을 거쳐 한국어의 '있다'가 중국어 번역 과정에서 실현되지 않은 경우를 보여준다. 예문 (11)과 같이 '있잖아/있잖아요'와 같은 담화표지로 쓰이는 경우에 대응되는 중국 표현은 '你知道嗎/那個' 등 두 개 이상으로 나타났다.

이처럼 드라마 병렬말뭉치에 나타난 어휘적 의미의 '있다'에 대응되는 중국어의 양상을 정리하면 다음 〈표 2〉와 같다.

〈표 2〉 어휘적 의미 '있다'에 대응되는 중국어 양상

한국어 표현	대응되는 중국어 표현	빈도	비율
있다	有	859	42%
	在	714	35%
	待	27	1%
	出(了)	20	1%
	發生	19	1%
	대응 없음	350	17%
	다표현5)	54	3%
합계		2,043	100%

기존 연구와 달리 본 연구에서 새로 발견한 결과로서 '대응 없음'과 '다표현'을 도출하였다. 〈표 2〉에서 보듯이 '대응 없음'으로 언급한 것은 한국어의 '있다', '없다'와 대응하는 중국어 표현이 나타나지 않는 경우를 가리킨다. 예를 들어 '여기에 있던 인형들 다 어디 갔어요?'는 중국어로 '這裏的玩具都哪去了?' 로 번역할 수 있는데 이때 한국어의 '있다'에 대응하는 중국어 표현을 찾을 수 없다. 이와 같은 사례들을 본 연구에서는 '대응 없음'으로 정의하기로 한다. 이 같은 '대응 없음'이 17%나 나타난 이유는 동일한 사건이나 상황에 대해 한국어와 중국어에서 표현하는 방식이 서로 다르기 때문으로 보인다. 즉 한국어 어휘와 중국어 어휘가 항상 일대일 대응 방식으로 실현될 수 없음을 보여준다. '다표현'은 한국어 '있다'에 대응되는 중국어는 한 가지 표현으로 분류하지 못 하고 여러 가지 표현으로 나타나는 현상이다. 예를 들어 '있잖아.'(那個)에서의 '있잖아'는 중국어 '那個'와 대응되고 '고마워, 강아. 왔구나? 있잖아, 언니가.'(謝謝你, 阿江, 你來啦? 你知道嗎, 姐姐她 ⋯)에서의 '있잖아'는 중국어 '你知道嗎'와 대응된다. 여기서 '있잖아'와 같은 화자가 청자의 의식 세계를 자신의 의식 세계로 끌어들이기 위해 사용하는 표지이다. 정자훈(2004)는 '있잖아' 형으로 실현되는 '있다'의 담화상 역할은 화자가 청자를 자신의 담화 세계로 끌어들임으로써 담화 참여자 간에 공동의 의식 세계를 유지하게 한다고 주장하였다.

분석 결과, 드라마 병렬말뭉치에서 어휘적 의미의 '있다'에 대응되는 중국어 양상은 '有, 在, 待, 出(了), 發生, 대응 없음, 다표현' 등

---

5) 다표현(多表現)이란 한국어와 중국어의 대응관계가 일대다의 대응을 하는 현상을 의미한다.

7가지가 있다. 특히 그중 '有, 在'의 빈도가 상대적으로 높게 나타났다. 따라서 실제생활에서 어휘적 의미의 '있다'는 '有, 在'와 많이 대응되어 사용하는 현상을 보인다. 그 이유는 어휘적 의미의 '있다' 중에서 '소유'를 뜻하는 단어는 중국어 '有'와, '존재'를 뜻하는 단어는 중국어 '在'와 잘 대응되기 때문이다.

4.1.2 어휘적 의미 '없다'에 대응되는 중국어 양상

병렬말뭉치에서 어휘적 의미의 '없다' 용례는 1,482개로 나타났다. 그는 어떤 중국어와 대응되는지 다음 예문을 통하여 살펴보고자 한다.

(12) 沒(有)
언니 **없**어요. 〈49일 10회〉
我**沒有**姐姐。

(13) 不
나는 필요 **없어**. 〈내 여자친구는 구미호 2회〉
我 … **不**需。

(14) 不在
다진이 **없다**. 〈부탁해요 캡틴 9회〉
多真**不在**。

(15) 沒在
그런데 다진이 **없**는데. 〈부탁해요 캡틴 5회〉
那個多真**沒在**。

(16) 대응 없음

응. 꼬리가 하나밖에 **없는**데도 이따만큼 튀어나올 것 같아.
〈내 여자친구는 구미호 16회〉

嗯. 就算尾巴只剩一條了也想像這樣濺出。

(17) 다표현

ㄱ. <u>그럴 **리가** 없는데</u>. 어디 숨었나? 〈49일 14회〉

不可能啊. 她難道躲在哪兒了嗎?

ㄴ. 잘못될 <u>**리가** 없잖아</u>. 〈부탁해요 캡틴 9회〉

沒理由不會好起來的嘛。

ㄷ. <u>이럴 **리가** 없는데</u>. 〈49일 5회〉

怎麼會這樣。

예문 (12-15)를 통해 알 수 있듯이 '없다'는 중국어 '沒(有), 不, 不在, 沒在'로 각각 번역되었다. 이 가운데 예문 (12)를 보면 한국어의 '비소유'의 의미는 중국어 '沒(有)'로 대응된다. 예문 (13)은 자기 주관이나 의견을 표현하는 것인데 이 경우는 중국어 '不'로 대응되는 현상을 보인다. 예문 (14-15)에서처럼 '부재'의 의미를 나타내는데 이 경우 대응되는 중국어는 '不在, 沒在'이다. 예문 (16)과 같은 앞서 '없다'의 경우와 유사하게 의역 과정으로 인하여 한국어 '없다'와 대응하는 중국어 표현이 실현되지 않은 경우이다. 예문 (17)은 일대 다의 대응관계에서 나타난 현상이다. 여기서의 '-을 리가 없다'에 대응되는 중국어 표현은 '不可能/ 沒理由/ 怎麼會這樣'세 가지가 있다. '-을 리가 없다'는 앞에 오는 성분과 강한 밀접한 관계를 가지고 있음으로 인해 중국어로 표현할 때 이런 현상을 나타낸 것으로 추측할 수 있다.

이처럼 드라마 병렬말뭉치에 나타난 어휘적 의미의 '없다'에 대응되는 중국어의 양상을 정리하면 다음 〈표 3〉과 같다.

〈표 3〉 어휘적 의미 '없다'에 대응되는 중국어 양상

한국어 표현	대응되는 중국어 표현	빈도	비율
없다	沒(有)	884	60%
	不	275	19%
	不在	57	4%
	沒在	4	0%
	대응 없음	241	16%
	다표현	21	1%
합계		1,482	100%

어휘적 의미의 '없다'에 대응되는 중국어 표현은 '沒(有), 不, 不在, 沒在, 대응 없음, 다표현'의 6가지가 있는 것으로 나타났다. 이 중 '沒(有)'의 빈도가 가장 높게 나타났고 다음으로 '不, 대응 없음'의 빈도가 많이 출현하였다. 이에 따라 입말에서는 어휘적 의미의 '없다'에 대응하는 다양한 중국어 표현이 사용되는데 그중 특히 '비소유'의 의미는 중국어 '沒(有)'와 가장 많이 대응됨을 발견할 수 있었다.

4.1.3 '있다'와 '없다'에 대응되는 중국어 표현의 반의 관계

앞서 분석한 '있다'와 '없다'에 대응되는 중국어 표현 가운데 '있다'와 '없다'가 서로 반의 관계를 가지는 양상을 〈표 2〉와 〈표 3〉을 통하

여 살펴본 결과는 다음과 같다.

〈표 4〉 '있다'와 '없다'에 대응되는 중국어 표현의 반의 관계 분석 결과

있다	없다
有	沒(有)
在	不
待	不在
出(了)	沒在
發生	다표현
다표현	대응 없음
대응 없음	

이상으로 미루어 볼 때, 어휘적 의미의 '있다'와 '없다'에 대응되는 다양한 중국어 표현 중에서 반의 관계를 지닌 표현은 '有'와 '沒(有)', '在'와 '不在', '在'와 '沒在'의 3가지임을 알 수 있다. 이런 결과를 통하여 중국어에서 '있다'에 해당하는 표현은 '在' 하나인데 그것과 반의 관계인 표현은 '不在'/'沒在'의 2개임을 확인할 수 있다. 이런 결과는 李臨定(1990)에서는 '在'의 부정 형식은 '在'앞에 '不'나 '沒'를 첨가하여 이룬다고 한 것과 일치하였다. 하지만 앞서 분석한 결과에 의하면 입말에서 '沒在'보다 '不在'더 많이 쓰이는 경향을 확인하였다.

4.2 문법적 의미의 '있다'와 '없다'에 대응되는 중국어 양상

이 절에서는 앞장에서 분석한 결과를 바탕으로 문법적 '있다'와 '없다'에 대응되는 중국어 양상을 살펴보고자 한다.

4.2.1 '-고 있다'에 대응되는 중국어 양상

병렬말뭉치에서 '-고 있다' 용례는 666개로 나타났다. 그는 어떤 중국어와 대응되는지 다음 예문을 통하여 살펴보고자 한다.

(18) 在
어. 구경하고 있었어. 〈내 여자친구는 구미호 14회〉
在觀賞。

(19) 呢
혼자 뭐하고 있었어? 〈부탁해요 캡틴 12회〉
你自己幹什麼**呢**?

(20) 正在
알아보고 있습니다. 〈부탁해요 캡틴 12회〉
正在查。

(21) 正 … 呢
네, 실장님. 지금 가고 있어요. 〈내 여자친구는 구미호 3회〉
是室長。我**正**過去**呢**。

(22) 著
잠깐만. 보고 있어. 〈부택해요 캡틴 11회〉
等一下你先看**著**。

(23) 대응 없음
ㄱ. 예, **알고 있**습니다. 〈오마이레이디 16회〉
是, 我**知道**。

ㄴ. 어떻게 **믿고 있**는 사람들 뒤통수를 쳐? 〈49일 15회〉
怎麼可以背叛**相信**你的人?

예문 (18-21)에서 볼 수 있듯이 동작 진행 의미로 나타난 '-고 있다'에 대응되는 중국어 표현도 동작 진행의 의미를 지닌 '在, 呢, 正在, 正 … 呢 '의 4가지였다. 예문 (18-19)와 같이 '在'는 '觀賞(구경하다)'의 동작, '呢'는 '幹'(하다)의 동작을 진행 중임을 강조하며, 예문 (20)에서 보듯이 '正在'는 동작이 진행되는 시간과 동작의 진행 상태를 모두 강조한다. 예문 (21)에서처럼 어떤 동작을 진행 중임을 강조하는 '正'은 '呢'를 동반하여 진행되는 시간을 강조한다. '正'은 대개 특정한 시간을 나타내는 말과 함께 사용된다.

예문 (22)를 통하여 알 수 있듯이 동작 지속의 의미로 나타난 '-고 있다'에 대응되는 중국어 표현 '著'도 동작 지속의 의미를 지닌다. 즉, '著'는 '看'(보다)의 동작 진행의 의미를 지속한다는 뜻이다. 이는 黎錦熙(1998)에서도 '著(zhe)'는 지속을 나타낸다고 주장한 것과 일치하게 나왔다.

예문 (23)과 같이 '-고 있다'에 대응되는 중국어 표현이 대응 없음으로 나타난 경우는 '알다', '믿다'와 같은 심리 동사들이다. 심리 동사와 '-고 있다' 결합한 경우 그에 대응되는 중국어 표현은 심리 동사만 나타나고 '-고 있다'가 나타나지 않았다. 여기서 한국어의 '알고 있다, 믿고 있다'는 중국어 '知道, 相信'로 번역되었는데 이것은 바로 '알다, 믿다'의 중국어 표현이고 '-고 있다'의 중국어 표현이 나타나지 않았다. 이것은 양 언어에서 관습적으로 특정한 표현을 사용하기 때문에 중국어에서는 대응 없음으로 나타나게 된 것이라고 여겨진다.

이처럼 드라마 병렬말뭉치에 나타난 '-고 있다'에 대응되는 중국어의 양상을 정리하면 다음 〈표 5〉와 같다.

한국어 표현	대응되는 중국어 양상	빈도	비율
-고 있다	在	232	35%
	著	79	12%
	呢	19	3%
	正在	19	3%
	正 … 呢	4	0%
	대응 없음	313	47%
합계		666	100%

분석 결과, 기존 연구와 달리 '-고 있다'는 입말에서 다양한 중국어 양상과 잘 대응하고 있었다. '-고 있다'는 '在, 著, 呢, 正在, 正 … 呢, 대응 없음'의 6가지 중국어 양상과 대응되었다. 그중 '대응 없음, 在'가 상대적으로 높은 빈도로 나타났다. 즉, 입말에서 이 두 가지 표현을 많이 사용한다는 것을 추측할 수 있다.

4.2.2 '-아/어 있다'에 대응되는 중국어 표현

병렬말뭉치에서 '-아/어 있다' 용례는 79개로 나타났다. 그는 어떤 중국어와 대응되는지 다음 예문을 통하여 살펴보고자 한다.

(24) 了
추운데 왜 나와 있어? 〈부탁해요 캡틴 14회〉
這麼冷怎麼出來了?

(25) 著
아직 살아 있잖아. 〈오마이레이디 16회〉
她還活著。

(26) 대응 없음

　　ㄱ. 저쪽으로 **가 있어**. 〈부탁해요 캡틴 5회〉

　　　　你到旁邊去。

　　ㄴ. 아줌마, **들어가 있어요**. 〈오마이레이디 4회〉

　　　　大嬸 你進去。

예문 (24-25)에서처럼 '-아/어 있다'는 중국어 '了, 著'로 각각 번역되었다. 예문 (24)에서 확인할 수 있듯이 '了'는 '出來(나오다)'의 동작 상태의 지속을 의미한다. 예문 (25)에서 보듯이 '著'는 '活(살다)'의 동작 상태의 지속을 뜻한다.

그중 주목할 부분은 예문 (26)과 같이 명령문에서 '가다, 들어가다'로 된 이동 동사의 경우 '가 있어, 들어가 있어'와 같이 '-아/어 있다'와 결합하면 해당 문법의 의미가 중국어 전체 문장의 의미 속에 본재하여 특정 표지로는 나타나지 않는 현상을 보인다. 즉, 일상 대화에서는 이런 '대응 없음'의 양상이 많이 나타날 것을 알 수 있다.

이처럼 드라마 병렬말뭉치에 나타난 '-아/어 있다' 에 대응되는 중국어의 양상을 정리하면 다음 〈표 6〉과 같다.

〈표 6〉 '-아/어 있다'에 대응되는 중국어 표현

한국어 표현	대응되는 중국어 양상	빈도	비율
-아/어 있다	了	26	33%
	著	7	9%
	대응 없음	46	58%
합계		79	100%

'-아/어 있다'는 중국어 표현 '了, 著, 대응 없음'의 3가지와 대응되

었다. '-아/어 있다'의 동작 결과 지속의 의미에 대응되는 중국어 양상은 '著, 了' 2가지였다. '-아/어 있다'에 대응되는 중국어 '대응 없음'은 대부분은 명령문에서 '가다'와 같은 이동 동사에서 많이 발생한다는 것을 밝혔다. 예를 들어 '((장소)에) 가 있다'(你進去)이었다.

4.2.3 '-(으)ㄹ 수 있다'와 '-(으)ㄹ 수 없다'에 대응되는 중국어 양상

먼저 '-(으)ㄹ 수 있다'에 대응되는 중국어 양상을 살펴보겠다. 병렬말뭉치에서 '-(으)ㄹ 수 있다' 용례는 674개로 나타났다. 그는 어떤 중국어와 대응되는지 다음 예문을 통하여 살펴보고자 한다.

(27) 能
참을 수 있어. 〈내 여자친구는 구미호 11회〉
我能忍。

(28) 可以
어, 괜찮아. 지금 잠깐 통화할 수 있어. 〈오마이레이디 9회〉
沒關系現在可以接電話。

(29) 能夠
편히 갈 수 있게 좀 해 주십시오. 〈부탁해요 캡틴 7회〉
讓他們能夠安心出行吧。

(30) 會
윤개화 씨가 힘들 수도 있어요. 〈오마이레이디 8회〉
你會很辛苦的。

(31) 可能
그전에 올 수도 있고. 〈49일 7회〉

也有**可能**提前回來。

(32) 대응 없음

　ㄱ. 정말 **잘할 수 있죠**. 〈오마이레이디 14회〉
　　真的沒問題吧。

　ㄴ. 비행 **할 수 있게** 해 주십시오. 〈부탁해요 캡틴 10회〉
　　請讓我飛行。

　예문 (27-29)에서 볼 수 있듯이 '-(으)ㄹ 수 있다'는 중국어의 주관
이나 객관적인 조건을 판단하는 능력을 의미하는 '能, 可以, 能夠'로
번역되었다. 예문 (30-31)의 '-(으)ㄹ 수 있다'는 추측이나 판단의 의
미인데, 이것은 각각 '可能, 會'로 번역되었다. 예문 (32)는 두 언어를
의역할 때 '대응 없음'으로 나타난 경우이다. 즉 '잘 할 수 있다', '비
행할 수 있다'에서의 '-(으)ㄹ 수 있다'에 대응되는 중국어 표현이
나타나지 않는 것을 볼 수 있다.
　이처럼 드라마 병렬말뭉치에 나타난 '-(으)ㄹ 수 있다'에 대응되는
중국어의 양상을 정리하면 다음 〈표 7〉과 같다.

〈표 7〉 '-(으)ㄹ 수 있다'에 대응되는 중국어 양상

한국어 표현	대응되는 중국어 양상	빈도	비율
-(으)ㄹ 수 있다	能	303	49%
	可以	145	22%
	可能	83	12%
	會	50	7%
	能夠	27	10%
	대응 없음	66	10%
합계		674	100%

〈표 7〉에서 보듯이 '-(으)ㄹ 수 있다'는 중국어의 '能, 可以, 可能, 會, 能夠, 대응 없음'의 6가지 양상과 대응되었다. '-(으)ㄹ 수 있다'는 중국어의 능원 동사와만 대응되는 것을 밝혔다. 그 가운데 '能'의 빈도가 가장 높게 나타났다. 이에 따라 입말에서 '-(으)ㄹ 수 있다'와 대응하는 중국어 표현으로 '能' 표현이 선호된다는 점을 예측할 수 있다.

다음으로 '-(으)ㄹ 수 없다'에 대응되는 중국어 양상을 살펴보겠다. 병렬말뭉치에서 '-(으)ㄹ 수 없다' 용례는 310개로 나타났다. 그는 어떤 중국어와 대응되는지 다음 예문을 통하여 살펴보고자 한다.

(33) 不能
    당신을 보낼 <u>수가 없</u>어요. 〈내 여자친구는 구미호 13회〉
    <u>不能</u>讓你們走。

(34) 無法
    안 돼요. 지현이 송이경 씨 없으면 살아<u>날 수 없</u>어요. 〈49일 17회〉
    不行. 智賢如果沒有宋伊景小姐就<u>無法</u>複活。

(35) 不
    하지만 너를 받아<u>들일 수 없</u>는 김윤성의 마음도 진심일 거야.
    〈부탁해요 캡틴 20회〉
    可是金允誠<u>不</u>接受的心也是真的。

(36) 沒(有)辦法
    <u>할 수 없</u>다. 〈오마이레이디 2회〉
    <u>沒辦法</u>了。

(37) 不可能

언제까지 도망만 **갈 수 없**잖아. 〈부탁해요 캡틴 5회〉

不可能永遠逃避啊。

(38) 沒法

더 이상 말릴 **수가 없**겠어. 〈내 여자친구는 구미호 12회〉

沒法再攔下去了。

(39) 不到

내가 찾을 수도 없고, 나를 찾아**올 수도 없**어요. 아시잖아요.

〈49일 17회〉

我也找不到她 她也找**不到**我. 你不也知道嗎。

(40) 不了

아빠를 이해할 **수가 없**었어요. 〈부탁해요 캡틴 20회〉

我理解**不了**爸爸。

(41) 不會

하지만 그 변태라는 것, 절대로 받아들일 **수 없**습니다. 〈내 여자친

구는 구미호 4회〉

但是 您說我是變態, 我絕對**不會**接受。

(42) 대응 없음

ㄱ. 나는 이 정도밖에 **말해줄 수 없**어요. 나머지는 언니가 송

이수 만나서 직접 들어요. 〈49일 17회〉

姐姐我只能告訴你這些.姐姐以後見了宋伊秀後讓他

告訴你吧。

ㄴ. 아, 여보. 당신이 좀 **도와줄 수 없**을까? 〈추적자 3회〉

老婆 你來幫忙怎麼樣?

예문 (33-41)에서 확인할 수 있듯이 '-(으)ㄹ 수 없다'를 중국어 '不能, 無法, 不, 沒(有)辦法, 不可能, 沒法, 不到, 不了, 不會'로 각각 번역한 것이다. 이런 결과를 통하여 입말에서 한국어 '-(으)ㄹ 수 없다'의 부정적인 '능력이나 허락', '추측이나 판단'으로 나타난 중국어 표현이 상당히 풍부하다는 것을 알 수 있다. 예문 (42)에서는 '말해줄 수 없다, 도와줄 수 없다' 중 '-(으)ㄹ 수 없다'에 대응되는 중국어 표현이 없다. 이런 현상은 두 언어 간의 의역 과정에서 한국어의 '-(으)ㄹ 수 없다'가 중국어에 나타나지 않았다고 추측할 수 있겠다.

이처럼 드라마 병렬말뭉치에 나타난 '-(으)ㄹ 수 없다'에 대응되는 중국어의 양상을 정리하면 다음 〈표 8〉과 같다.

〈표 8〉 '-(으)ㄹ 수 없다'에 대응되는 중국어 양상

한국어 표현	대응되는 중국어 양상	빈도	비율
'-(으)ㄹ 수 없다'	不能	140	45%
	無法	43	14%
	不	32	10%
	沒(有)辦法	27	9%
	不可能	18	6%
	沒法	15	5%
	不到	12	4%
	不了	12	4%
	不會	6	2%
	대응 없음	5	1%
합계		310	100%

입말에서 '-(으)ㄹ 수 없다'에 해당하는 중국어 표현은 '不能, 無法, 不, 沒(有)辦法, 不可能, 沒法, 不到, 不了, 不會, 대응 없음' 10가지로 매우 다양하게 실현되었다. 그중 '不能'의 빈도가 가장 높게 출현하였는데 이를 통해 입말에서 '-(으)ㄹ 수 없다'에 대응되는 중국어 '不能' 표현을 선호함을 예측할 수 있다.

앞서 분석 한 바탕에서 '-(으)ㄹ 수 있다'와 '-(으)ㄹ 수 없다'에 대응되는 중국어 양상 가운데 '있다'와 '없다'가 서로 반의어 관계를 지닌 양상을 다음과 같이 살펴봤다.

〈표 9〉 '-(으)ㄹ 수 있다/없다'와 대응하는 중국어 표현의 반의 관계 분석 결과

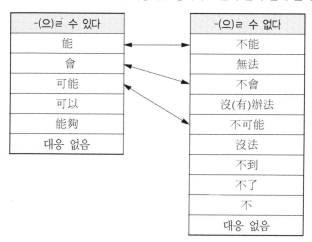

위에서 보듯이 '-(으)ㄹ 수 있다'에 대응하는 중국어 표현 '能', '可能', '會'는 각각 '-(으)ㄹ 수 없다'의 의미를 가진 '不能', '不可能', '不會'와 서로 반의 관계를 이루고 있다. 따라서 문법적 의미 '있다'와 '없다'에 대응되는 모든 중국어 표현이 서로 반의 관계를 이루는 것은 아니라는 것을 보인다.

4.2.4 '-(으)ㄴ 적(이) 있다'와 '-(으)ㄴ 적(이) 없다'에 대응되는 중국어 양상

병렬말뭉치에서 '-(으)ㄴ 적(이) 있다' 가 21번으로 나타났고 그는 모두 중국어 표현 '過'와 대응되었다. 대표적인 예문은 다음과 같다.

(43) 過

생각해 **본 적 있**냐고? 〈부탁해요 캡틴 8회〉

你想**過**嗎?

예문 (43)에서 '-(으)ㄴ 적(이) 있다'는 중국어 표현 '過'로 번역되었다. 그 이유는 '-(으)ㄴ 적(이) 있다'와 '過'의 용법이 비슷하기 때문이다.

병렬말뭉치에서 '-(으)ㄴ 적(이) 없다' 가 39번으로 나타났고 그는 모두 중국어 표현 '沒(有) … 過'와 대응되었다. 대표적인 예문은 다음과 같다.

(44) 沒(有) … 過

뺏어간 적 없는데요. 〈부탁해요 캡틴 19회〉

我**沒有**拿**過**什麼東西。

예문 (44)에서 '-(으)ㄴ 적(이) 없다'는 중국어 표현 '沒(有) … 過'로 번역되었다. 따라서 '-(으)ㄴ 적(이) 있다'의 의미인 '過'와 '-(으)ㄴ 적(이) 없다'의 의미인 '沒(有) … 過'에 대응되는 중국어 표현도 서로 반의 관계를 이루고 있었다.

4.3 '있다'와 '없다'에 대응되는 중국어 양상 분석 결과

지금까지 한국어 '있다'와 '없다'에 대응되는 중국어 양상과 그들 간에 반의 관계가 있는 양상들을 살펴보았다. 그를 간단하게 정리하면 다음과 같다.

〈표 10〉 한국어 '있다'와 '없다'에 대응되는 중국어 양상

있다	대응되는 중국어 양상	없다	대응되는 중국어 양상
있다	有	없다	沒(有)
	在		不
	待		不在
	出(了)		沒在
	發生		대응 없음
	대응 없음		다표현
	다표현		
-고 있다	在		
	著		
	呢		
	正在		
	正 … 呢		
	대응 없음		
-아/어 있다	了		
	著		
	대응 없음		
-(으)ㄹ 수 있다	能	-(으)ㄹ 수 없다	不能
	可以		無法
	可能		不
	會		沒(有)辦法
	能夠		不可能
	대응 없음		沒法

110

있다	대응되는 중국어 양상	없다	대응되는 중국어 양상
-(으)ㄹ 수 있다		-(으)ㄹ 수 없다	不到
			不了
			不會
			대응 없음
-(으)ㄴ 적(이) 있다	過	-(으)ㄴ 적(이) 없다	沒(有) … 過

〈표 11〉 한국어와 그의 중국어 대응 양상의 반의 관계

한국어 반의 관계	중국어 반의 관계
'있다' - '없다'	有 - 沒(有)
	在 - 不在/ 沒在
'-(으)ㄹ 수 있다' - '-(으)ㄹ 수 없다'	能 - 不能
	可能 - 不可能
	會 - 不會
'-(으)ㄴ 적(이) 있다' - '-(으)ㄴ 적(이) 없다'	過 - 沒(有) … 過

본 연구의 결과에 의하면 한국어에서는 '있다'와 '없다'의 형태가 단순하지만 그에 대응하는 중국어 양상은 다양하고 복잡하다. 또한 한국어와 그의 중국어 대응 양상에서 모두 '있다'와 '없다'가 서로 반의 관계가 있음을 밝혔다. 즉 '있다'와 '없다'의 반의 관계에 대응되는 중국어의 반의 관계 표현은 '有 - 沒(有)', '在 - 不在', '在 - 沒在'로 제시할 수 있다. 또한 '-(으)ㄹ 수 있다'와 '-(으)ㄹ 수 없다'의 반의 관계에 대응되는 중국어의 반의 관계 표현은 '能 - 不能', '會 - 不會', '可能 - 不可能'가 있으며 '-(으)ㄴ 적(이) 있다'와 '-(으)ㄴ 적(이) 없다'의 반의 관계와 대응하는 중국어의 반의 관계 표현은 '過 - 沒(有) … 過'가 있다.

5. 맺음말

본 연구는 드라마 병렬말뭉치를 분석하여 한국어 '있다'와 '없다'의 어휘적 의미 및 문법적 의미에서의 쓰임을 중국어와 비교하여 그 대응 양상을 살펴보았다. 더 나아가 한국어와 중국어에서 '있다'와 '없다'가 반의 관계를 이루는 각각의 표현들을 살펴보았다. 본 연구가 기존 연구와 차별화되는 점은 다음과 같이 정리할 수 있다.

첫째, 기존 연구에서 밝히지 못한 '있다'의 중국어 대응 표현들의 실제 사용 빈도와 대응할 수 있는 새로운 중국어 표현들을 본 연구에서 밝혀내었다. 즉 어휘적 의미 '있다'는 중국어 '有', '在'와 잘 대응되지만 '대응 없음'으로 나타나기도 하며, 여러 가지 중국어 표현과 대응하는 '다표현' 또한 있음을 밝혔다. 문법적 의미 '있다'의 '-고 있다'와 잘 대응되는 중국어 '在'가 있음을 밝혔다. 그리고 관련된 새로운 중국어 대응 표현 '正 … 呢'와 '대응 없음'이 있음을 밝혔다. '-아/어 있다'는 중국어 대응 표현 '了', '著', '대응 없음'과 대응되었다. '-(으)ㄹ 수 있다'는 중국어 '能'로 많이 대응하였고 그와 '대응 없음'으로도 대응되는 현상을 보여주었다.

둘째, '있다'만 살펴본 기존 연구와는 달리 '있다'와 '없다'를 함께 살펴봤다는 점에서 의의를 가진다. 이를 통하여 '있다'와 '없다'에 대응되는 중국어 표현이 모두 서로 반의 관계에 해당하지는 않는다는 것을 밝혀냈다.

셋째, 한국어 '있다'는 동사와 형용사로 나눠서 쓰이는데 중국어에서는 '동사'밖에 없다. 〈표 2〉를 보면 '있다'에 대응되는 중국어는 모두 동사이다. 이는 중국인 학습자가 학습할 때 특히 어려운 부분이다.

또한 본 연구는 병렬말뭉치를 기반으로 한 대조 연구 방법론을 적

용함으로써 한국어의 '있다'와 '없다'에 대응되는 중국어 양상이 결코 단순하지 않음을 보였다는 점에서도 의의가 있다. 이 연구 결과는 대조언어학과 한국어 문법 교육에 있어 중요하고 유용한 자료로 활용될 수 있을 것이다. 현재 한국어 교육에서 '있다'와 '없다'의 어휘적 의미와 문법적인 의미는 각각 기초 어휘, 기초 문법에 속하지만 이 연구 결과를 참고하자면 앞으로는 중국인 학습자에게는 초급에서만 가르치는 데서 나아가 나선형 교육을 해야 할 것이다.[6]

6) 이 글은 『언어사실과 관점』34권, 189~214쪽에 실린 글을 수정·보완한 것임.

제 4장

한국어 '-고 있다'와 '-아/어 있다'의 중국어 대응 양상 연구

1. 머리말

본 연구는 글말과 입말 자료를 같이 분석하고 중국인 중급과 고급 한국어 학습자를 위하여 보조용언 '-고 있다'와 '-아/어 있다'의 의미를 세분화하고 의미별로 대응되는 중국어 양상을 살펴보는 데 목적을 둔다. 최근에 한중 대조 연구가 많아지고 있음에도 불구하고 실증 자료에 기반하여 진행한 보조용언 '있다'에 대한 연구는 많지 않다. 이문화(2014)에서는 입말 자료로 초급 한국어 학습자를 위한 '있다'의 의미를 언급했는데 의미를 세분화하지 않고 어휘적 의미와 문법적 의미로만 나눠서 중국어와의 대응관계를 살펴보았다. 그 연구 결과를 보면 글말과 입말 자료를 통해 보조용언 '-고 있다'와 '-아/어 있다'의 의미를 세분화할 때 그에 대응되는 중국어 대응 표현은 글말과 입말에서 어떤 차이가 있는지에 대한 의문을 제기할 수 있다. 또한 '-고 있다'와 '-아/어 있다'의 의미 기능이 다른데 그에 대응하는 중국어 표현의 형태가 같은 경우에는 의미도 같은지 밝힐 필요가 있다. 예로 이문화(2014)에서 '-고 있다'와 '-아/어 있다'는 모두 중국어 '著'와 대응되었는데 이 '著'는 같은 의미인지 살펴봐야 한다.

이에 본 연구는 글말 병렬말뭉치 약 26만 어절, 입말 병렬말뭉치 약 23만 어절을 구별해서 '-고 있다'와 '-아/어 있다'의 의미별 사용 양상을 분석하고, 또한 어떤 의미가 많이 쓰이는지를 확인하겠다.[1] 그리고 입말과 글말에서 '-고 있다'와 '-아/어 있다'의 의미별로 대응되는 중국어 양상을 분석하고 그 가운데 어떤 대응 양상이 많이 나타나는지 살펴보면서 그들 간에 대응 규칙이나 차이점을 밝히겠다. 마지막으로 '-고 있다'와 '-아/어 있다'에 대응하는 같은 중국어 표현의 의미를 살펴보고자 한다.

2. 선행 연구

2.1 의미 기능

'-고 있다'와 '-아/어 있다'의 의미에 대해서는 김성화(1989), 김영

---

1) 신문 병렬말뭉치는 약 26만 어절이고 2010-2012년간에 〈조선일보〉와 〈중앙일보〉의 경제와 뉴스 분야 기사로 구성되었다. 〈조선일보〉의 신문 병렬말뭉치는 약 12만 어절이고 〈중앙일보〉의 신문 병렬말뭉치는 약 14만 어절이다. 이 중에 경제 분야와 뉴스 분야의 비율은 각 58%, 42%이다. 드라마 병렬말뭉치는 약 23만 어절이고 SBS 상영한 드라마 '내 여자 친구는 구미호'(16편), '오! 마이 레이디'(16편), '49일'(20편), '부탁해요. 캡틴'(20편), '추적자'(16편)으로 구성되었다.

말뭉치를 처리하는 방법은 먼저 Editplus3, U-tagger, U-taggerCorrector 프로그램으로 신문과 드라마 병렬말뭉치에서의 '-고 있다'와 '-아/어 있다'가 포함되는 구문을 찾아내고 그의 의미를 분석하였다. 다음으로 몇 번의 수작업을 걸쳐 '-고 있다'와 '-아/어 있다'의 중국어 대응 표현을 찾아 분석하였다.

미(1995), 강흥구(1994), 박선옥(2005), 유효홍(2008), Wu JINGJING (2012) 등의 연구에서 언급하였다. 김성화(1989)는 지속상 '-고 있다'는 본용언 '있다'의 동작성 존재 의미를 추상화한 것이고, 종결상 '-고 있다'와 '-어 있다'는 상태성 존재 의미가 추상화한 것이라고 하였다. 김영미(1995)는 '-고 있다'는 적극적, 역동적, 긍정적, 의지적, 현장성의 상태를, '-어 있다'는 소극적, 비의지적, 정태적, 피동적인 상태를 나타내고 '-고 있다'는 진행, 습관, 반복 등의 파생 의미들을 지닐 수도 있다고 하였다. 강흥구(1994)에서 '-고 있다'가 진행, 지속의 의미를 나타낸다고 하였다. 박선옥(2003)에서는 '-고 있다'가 진행과 반복의 의미를 가진다고 하였다. 유효홍(2008)은 '-고 있다'는 진행 중인 동작, 반복하는 동작, 행동 결과의 지속 등 의미, '-아 있다'는 동작 완료 후 그 상태의 지속의 의미를 갖고 있다고 하였다. WU JINGJING(2012)에서 '-고 있다' 는 진행 중인 동작, 반복하는 동작, 행동 결과의 지속 등 의미를 나타내고 '-어 있다'는 어떤 행위가 끝난 후 그 상태가 지속됨을 나타내는 표현이라고 하였다. 즉 상태 지속의 미완료 상 의미를 가진다는 것이다. 지금까지 '-고 있다'와 '-아/어 있다'의 의미에 관한 기존 연구를 살펴봤는데 학자들은 '-고 있다'와 '-아/어 있다'의 의미를 표현은 달리 하였지만 뜻이 비슷하였다. 이에 본 연구에서는 '-고 있다'와 '-아/어 있다' 의미를 다시 정리하여 이를 기준으로 연구하겠다. 즉 '-고 있다'는 동작의 진행, 동작의 반복, 동작의 결과 지속 3가지 의미로, '-아/어 있다'는 동작 완료 후의 상태 지속의 의미로 분석하겠다.

2.2 중국어의 대응 표현

'-고 있다'와 '-아/어 있다'에 대응되는 중국어 표현에 관한 연구는 유효홍(2008), 여상(2009), wu jingjing(2012), 김정애(2013), 왕정정 (2014), 진려하(2014), 이문화(2014) 등이 있다. 유효홍(2008)에서 '-고 있다'의 동작의 진행의 의미에 대응되는 중국어는 '在, 正在, 著' 3가지 표현, 동작의 반복의 의미는 대응 중국어 표현은 '在, 무표지' 2가지 표현, 행동 결과의 지속의 의미의 중국어 대응 표현은 '著' 한 가지, '-아 있다'의 상태 지속의 의미에 대응되는 중국어 표현은 '在, 著, 了' 3가지가 있다고 하였다. 려상(2009)에서 '-고 있다'에 대응하는 중국어를 부사 '在, 正, 正在' 시태조사 '著', 어기조사 '呢' 3가지라고 제시하였다. WU JINGJING(2012)에서는 행위가 진행을 의미한 '-고 있다'에 대응하는 중국어 표현 '在, 正, 正在, 呢, 著' 5가지, 동작의 반복이나 행동 결과의 상태 지속을 의미한 '-고 있다'에 대응하는 중국어 표현 '在, 著' 2가지, '-아 있다'의 중국어 표현은 '著, 在, 了' 3가지가 있다고 보았다. 김정애(2013)에서는 '-고 있다, -아/어 있다' 구문과 중국어 '著' 구문을 대조하여 연구하였다. 왕정정 (2014)은 '-고 있다'에 대응되는 중국어 표현 '在, 正在, 呢, 著' 4가지, '-어 있다'에 대응되는 중국어 표현 '在, 著, 了' 3가지가 있다고 하였다. 진려하(2014)에서는 '-고 있다, -어 있다'에 대응되는 중국어 표현 '在, 正在, 呢, 著, 了'가 있다고 보았다. 이문화(2014)는 입말자료로 '-고 있다'에 대응되는 중국어 표현 '在, 著, 呢, 正在, 正 … 呢, 대응 없음'의 6가지, '-아/어 있다'에 대응되는 중국어 표현 '了, 著, 대응 없음'의 3가지가 있다고 밝혔다.

이상을 보면 기존 연구에서는 학자에 따라 '-고 있다'와 '-아/어 있다'에 대응되는 중국어 표현의 차이가 있음을 확인하였다. 선행 학자의 연구 결과를 종합적으로 정리하면 선행 연구에서 나타난 '-고 있다'의 중국어 대응 표현 '著'는 6번, '在', '正在'는 각 5번, '呢'는 3번, '正'는 2번, '正 … 呢', 대응 없음은 각 1번이었다. '-아/어 있다'의 중국어 대응 표현 '在'는 2번, '著 '는 4번, '了'는 3번, '대응 없음'은 1번이었다. 이를 통하여 '-고 있다'와 '-아/어 있다'의 유표지 중국어 대응 표현은 무표지 중국어 대응 표현보다 다양하게 나타난 것을 알 수 있다. 또, 여러 가지 유표지 중국어 대응 표현은 글말과 입말에서 어떤 표현을 더 많이 사용하는지, 그 실제자료에서의 사용 양상을 분석할 필요가 있다. 이에 본 연구에서 '-고 있다'와 '-아/어 있다'에 대응되는 유표지 중국어 대응 표현의 유형, 글말과 입말에서의 사용 양상의 차이점도 살펴보고자 한다.

3. 병렬말뭉치에서 '-고 있다'와 '-아/어 있다' 의 분석 결과

3.1 신문 병렬말뭉치에서 '-고 있다'와 '-아/어 있다' 의 분석 결과

신문 병렬말뭉치에서 '-고 있다' 용례는 340개, '-아/어 있다' 용례는 107개로 나타났다. 그는 어떤 의미로 출현하는지 다음 예문을 통하여 살펴보고자 한다.

(1) ㄱ. 해외 유명 상표뿐 아니라 국내 브랜드 짝퉁 적발도 <u>늘고 있다</u>. 〈중앙일보 뉴스〉

　　ㄴ. 일부 제품은 한국어 라벨을 그대로 <u>달고 있다</u>. 〈중앙일보 경제〉

(2) 물론 이런 낙관론은 길게 내다본 것이다. 국내 IT업체의 희망 섞인 바람도 <u>담겨 있다</u>. 〈중앙일보 경제〉

예문 (1ㄱ)에서는 '-고 있다' 는 동작 진행의 의미로 나타났다. 즉, '늘다' 의 동작은 계속 진행하고 있다. (1ㄴ)에서는 '-고 있다' 는 동작 결과의 지속 의미로 나타났다. 즉, '달다' 의 동작이 완료되었는데 그 결과가 지속되는 것이다. 예문 (2)에서 '-아/어 있다' 는 동작 완료 후 상태 지속 의미로 나타났다. 즉, '담기다'의 동작이 완료되었는데 그 상태가 지속되는 것이다.

이와 같이 신문 병렬말뭉치에서 나타난 '-고 있다'와 '-아/어 있다' 의 의미 분석한 결과를 다음 〈표 1〉과 같다.

〈표 1〉 신문 병렬람뭉치에서 '-고 있다'와 '-아/어 있다' 의 의미 분석 결과

	의미	빈도
-고 있다	동작의 진행	228
	동작의 결과 지속	112
-아/어 있다	동작 완료 후 상태 지속	107
	합계	447

위 표와 같이 '-고 있다'의 의미는 총 두 가지, '동작의 진행, 동작의 결과 지속'으로 나타나는 반면, '동작의 반복'의미가 출현하지 않는 것을 보여주었다. '-아/어 있다' 는 '동작의 완료 후 상태 지속'의 의미로 나타났다. 이에 따라 글말인 신문에서는 한국어 '-고 있다'가 '동작의 진행' 의미로 가장 많이 쓰이는 현상을 보인다.

3.2 드라마 병렬말뭉치에서 '-고 있다'와 '-아/어 있다'의 분석 결과

드라마 병렬말뭉치에서 '-고 있다' 용례는 353개, '-아/어 있다' 용

례는 33개로 나타났다. 그는 어떤 의미로 출현하는지 다음 예문을 통하여 살펴보고자 한다.

(3) ㄱ. 우리 지금 영화 **찍고 있는** 것 같지 않니? 〈49일 1회〉
　　ㄴ. 너 아직도 내가 잡아먹을까 봐 그거 **입고 있는** 거야?
　　　　〈내 여자친구는 구미호 2회〉

(4) 안에 컵도 많이 **쌓여 있던데**. 〈오마이레이디 4회〉

　예문 (3ㄱ)에서는 '-고 있다'는 동작 진행의 의미로 나타났다. 즉, '찍다' 의 동작은 계속 진행하고 있다. (3ㄴ)에서는 '-고 있다'는 동작 결과의 지속 의미로 나타났다. 즉, '입다' 의 동작이 완료되었는데 그 결과가 지속되는 것이다. 예문 (4)에서 '-아/어 있다'는 동작 완료 후 상태 지속 의미로 나타났다. 즉, '쌓이다'의 동작이 완료되었는데 그 상태가 지속되는 것이다.
　이와 같이 드라마 병렬말뭉치에서 나타난 '-고 있다'와 '-아/어 있다' 의 의미 분석한 결과를 다음 〈표 2〉와 같다.

〈표 2〉 드라마 병렬람뭉치에서 '-고 있다'와 '-아/어 있다' 의 의미 분석 결과

	의미	빈도
-고 있다	동작의 진행	274
	동작의 결과 지속	79
-아/어 있다	동작 완료 후 상태 지속	33
	합계	386

　분석 결과를 따르면 '-고 있다'의 의미는 총 두 가지, '동작의 진행,

동작의 결과 지속'으로 나타나는 반면, '동작의 반복'의미가 출현하지 않는 것을 보여주었다. '-아/어 있다'는 '동작의 완료 후 상태 지속'의 의미로 나타났다. 이에 따라 입말인 드라마 병렬말뭉치에서 한국어 '-고 있다'의 '동작의 진행' 의미가 가장 많이 사용되는 현상을 보인다.

3.3 분석의 함의

지금까지 약 50만 어절 병렬말뭉치에서 사용된 '-고 있다'와 '-아/어 있다'에 대해 구체적으로 살펴보았다. 3.1에서는 글말에서 나타난 '-고 있다'와 '-아/어 있다'를 살펴보았고 3.2에서는 입말에서 나타난 '-고 있다'와 '-아/어 있다'에 대해 살펴보았다. 이제부터는 3장의 논의를 통해 글말과 입말에서 밝혀진 '-고 있다'와 '-아/어 있다'의 쓰임에 대해 간단히 정리하면 다음과 같다.

〈표 3〉 병렬람뭉치에서 '-고 있다'와 '-아/어 있다'의 의미 분석 결과 함의

	의미	신문	드라마
-고 있다	동작의 진행	228	274
	동작의 결과 지속	112	79
-아/어 있다	동작 완료 후 상태 지속	107	33
	합계	447	386

분석 결과를 의하면 글말이나 입말에서 한국어 '-고 있다'와 '-아/어 있다'의 각 의미나 빈도순이나 모두 같은 현상으로 나타났다. 그중 '-고 있다'의 동작 진행 의미가 모두 고빈도로 사용되는 것을 보인다. 즉, 글말이나 입말에서 '-고 있다'의 동작 진행 의미가 많이 사용

되는 것을 추측할 수 있다.

4. 병렬말뭉치에서 '-고 있다'와 '-아/어 있다'의 중국어 대응 양상 분석

본 장에서는 3장의 논의를 바탕으로 신문과 드라마 병렬말뭉치에서 각각의 '-고 있다'와 '-아/어 있다' 의미에 대응되는 중국어 양상을 밝히고자 한다. 더 나아가 글말과 입말에서 그에 대응되는 중국어 양상의 상이점도 밝히겠다.

4.1 신문 병렬말뭉치에서 '-고 있다'와 '-아/어 있다'의 중국어 대응 양상 분석

신문 병렬말뭉치에서 '-고 있다'와 '-아/어 있다'의 중국어 대응 양상을 살펴봤다. 그 분석 결과는 다음 〈표 4〉와 같다.

〈표 4〉 '-고 있다'와 '-아/어 있다'의 중국어 대응 양상 분석 결과

	의미	중국어 대응 양상	빈도	비율
-고 있다	동작의 진행	在	39	9%
		正在	189	42%
	동작의 결과 지속	著	31	7%
		了	81	18%
-아/어 있다	동작 완료 후 상태 지속	了	67	15%
		著	40	9%
합계			447	100%

위 표와 같이 동작의 진행의 '-고 있다'에 대응되는 중국어 표현은 빈도순으로 '正在, 在'로 나타났다. 이에 따라 글말에서 동작 진행의 '-고 있다'의 중국어 대응 표현으로는 '正在'를 많이 사용하는 현상을 보인다. 동작의 결과 지속의 '-고 있다'의 중국어 대응 표현은 조사 '著', '了'로 나타났다. 선행 연구에서 언급하지 않았던 조사 '了'가 글말에서 비교적 고빈도로 사용되는 것을 볼 수 있다. 그리고 선행 연구에서 가장 많이 언급한 조사 '著'의 빈도가 높지 않다는 것도 보여주었다. 다음으로 동작 완료 후 상태 지속의 '-아/어 있다'의 중국어 대응 표현도 '著', '了'로 출현했다. '-고 있다'와 '-아/어 있다'는 다른 한국어 표현인데 중국어 대응 표현에서는 같은 형태의 조사 '著', '了'로 사용되고 있음을 알 수 있다. 이에 대해서는 다음 절에서 자세히 살펴보겠다.

4.1.1 '-고 있다'의 중국어 대응 양상

'-고 있다'는 동작의 진행과 동작의 결과 지속 두 가지 의미를 가진다. 먼저 동작의 진행 의미의 '-고 있다'는 중국어 부사 '正在, 在'와의 대응 관계를 다음 예문을 통하여 살펴보고자 한다.

(5) 正在: [동작 진행의 시간과 상태를 모두 강조함]
   ㄱ. 코오롱측은 현재 중국 현지 파트너사와 협상을 진행하<u>고 있다</u>. 〈조선일보 경제〉
      可隆方面目前<u>正在</u>和中方合作夥伴進行協商。

   ㄴ. 김정은은 최근 김정일과는 다른 파격적인 대외활동을 하<u>고 있다</u>. 〈중앙일보 뉴스〉

金正恩最近**正在**進行同金正日不同的破格的對外活動。

예문 (5ㄱ-ㄴ)에서 보듯이 '-고 있다'의 중국어 대응 표현은 부사 '正在'는 동사 '進行(진행하다)'앞에 있고 그 앞에 시간 부사 '目前(현재)', '最近(최근)'도 있음을 보여주었다. 이를 통하여 중국어 부사 '正在'는 항상 시간의 뒤에 붙어 같이 쓰이는 현상을 보인다. 이에 따라 한국어 문장에서 시간 부사와 같이 있는 '-고 있다'의 문장에서의 '-고 있다'는 중국어로 '正在'로 번역하는 규칙이 있음을 알 수 있다. 이때 '正在'는 동작이 진행되는 시간 '目前(현재)', '最近(최근)'과 동작의 '進行(진행하다)'의 상태를 모두 강조하는 의미를 가진다. 賴帆(2011)에서도 '正在'는 동작 시간을 강조하는 것일 뿐만 아니라 동작의 진행도 강조한다고 하였다.

(6) 在: [동작의 진행]

ㄱ. 1층에서는 20여 명의 현지인이 쟁반을 들고 빵을 고르고 있었다. 〈중앙일보 경제〉
在1層有20多名當地人拿著盤子**在**選面包。

ㄴ. 해외 유명 상표뿐 아니라 국내 브랜드 짝퉁 적발도 늘고 있다. 〈중앙일보 뉴스〉
不僅是海外著名品牌, 國內品牌的仿制品揭發也**在**增加。

예문 (6ㄱ)과 같이 한국 문장에서 '-고 있다'는 타동사 '고르다'뒤에 붙어서 사용하지만 그의 중국어 대응 표현은 부사 '在'는 동사 '選(고르다)'앞에 붙어 쓰인다. 이때 '在'는 동작 '選(고르다)'의 진행만 강조한다. 예문 (6ㄴ)에서의 '늘다'는 자동사이고 그의 중국어 대응 표현은 부사 '在'이다. '在'는 동사 '增加(늘다)'의 진행 상태를 강조한다. '-고 있다'의 동작의 진행 의미에 대응하는 중국어 표현 '正在'와 '在'는 의미 차이가 있지만 서로 바꿔서 쓸 수 있다.

다음 동작의 결과 지속 의미의 '-고 있다'와 중국어 조사 '著, 了'의 대응 관계를 살펴보겠다. 이중 '著'만 동작의 결과 지속 의미를 가지고 '了'는 동작 완료의 의미를 가진다. 다음 예문을 통하여 살펴보고자 한다.

(7) 著: [상태 지속]
ㄱ. 리튬 시장은 2000년 이후 연평균 6%의 성장세를 기록하고 있다. 〈중앙일보 경제〉
進入2000年後, 鋰市場一直保持**著**年均6%的增長。

ㄴ. 일부 제품은 한국어 라벨을 그대로 달고 있다. 〈중앙일보 경제〉
部分產品都原封不動地貼**著**韓文標籤。

예문 (7ㄱ-ㄴ)을 보면 동작의 결과 지속 의미를 지니는 '-고 있다'의 중국어 대응 표현인 '著'도 결과의 상태 지속 의미를 가진다. 하지만 '-고 있다'와 결합한 동사 '기록하다'와 '달다'의 속성이 다르다. 동사 '기록하다'는 자체가 '지속성'을 지니고 있기 때문에 '-고 있다'의 중국어 대응 표현 '著'를 생략해도 성립된다. 반면 '달다'는 그렇지 않기 때문에 '-고 있다'의 중국어 대응 표현 '著' 이 반드시 있어야 한다.

(8) 了: [동작의 결과 지속 의미]
ㄱ. 최근 경제난이 보험 가입에도 영향을 미치고 있는 것으로

나타났다. 〈중앙일보 경제〉

據悉, 最近的經濟困難對投保也造成**了**不利影響。

ㄴ. VIP 고객의 얼굴과 이름을 다 기억하**고 있**어서 가능하다.
〈중앙일보 경제〉

因爲他們把VIP顧客的長相和名字都記住**了**, 所以才
叫得出來。

예문 (8ㄱ-ㄴ)에서 동작의 결과 지속 의미를 가진 '-고 있다'의 중
국어 대응 표현인 '了'가 동작의 결과 지속 의미를 지닌다. 그리고
한국어 '-고 있다'는 동사 뒤에 붙어서 사용하는 구조가 같은데 그의
중국어 대응 표현의 구조가 다르다. 예문 (8ㄱ)은 '동사(造成)+了+목
적어(影響)'구조이고 예문 (8ㄴ)은 '동사(記)+보어(住)+了'이다. 즉,
한국어 '-고 있다'의 중국어 대응 표현 '了'의 문장 형태에는 두 가지
가 있다는 것을 알 수 있다.

4.1.2 '-아/어 있다'의 중국어 대응 양상

'-아/어 있다'는 어떤 행위가 끝난 후 그 상태가 지속됨을 나타내는
표현이다. 그의 중국어 대응 표현 '了, 著'를 다음 예문을 통하여 살
펴보고자 한다.

(9) 了: [동작 완료 후 상태 지속]

ㄱ. 물론 이런 낙관론은 길게 내다본 것이다. 국내 IT업체의
희망 섞인 바람도 **담겨 있다**. 〈중앙일보 경제〉

當然這樣的樂觀論是從長遠出發的, 裏面**暗含了**韓國

IT企業的希望。

ㄴ. 상하이 차오바오점 바로 옆엔 더페이스샵·이랜드·미스
터피자 등 다양한 한국 브랜드 매장이 **입점해 있다.** 〈중앙일보
경제〉
上海漕寶店的旁邊還**開設了**The Face Shop、衣戀、Mr.
Pizza等多家韓國品牌的商場。

예문 (9ㄱ-ㄴ)과 같이 한국어 문장 '-아/어 있다'의 중국어 대응
표현은 '了'이다. 한국어 문장은 동작 완료 후 상태 지속의 문장이고
그의 중국어 문장도 동작 완료 후 상태 지속의 문장이다. 그의 구조
는 '동사+了+목적어'이다. 그리고 예문 (9ㄱ)의 동사 '담기다'는 피동
사이고 예문 (9ㄴ)의 '입점하다'는 자동사이다.

(10) 著: [상태 지속]
ㄱ. 여자 아이들은 D군을 향해 "옷에 뭐가 **묻어 있다**", "항상
똑 같은 옷만 입는다고" 수군거렸다. 〈조선일보 뉴스〉
女同學們在背後對D某指指點點，"衣服上**粘著**什麼東
西"、"總穿同樣的衣服"。

ㄴ. 이들의 뒤에는 이번 전당대회 슬로건이었던 '점령하라!
2012!'가 쓰인 걸개그림이 **걸려 있었다.** 〈조선일보 뉴스〉
他們背後**掛著**寫有'占領！ 2012！'的掛畫， 這是此次全
黨大會的標語。

예문 (10ㄱ-ㄴ)에서 보듯이 한국어 문장에서 '-아/어 있다'는 동사
'묻다'와 '걸리다'뒤에 붙어 사용하고 그의 중국어 대응 표현은 모두

'著'이다. '著'는 동작 '粘(묻다)'와 '掛(걸리다)'의 상태 지속을 나타내는 뜻이다. 하지만 한국어 동사 '묻다'와 '걸리다'의 차이가 있다. '묻다'는 순간 동작을 나타내는 자동사이고 '걸리다'는 '걸다'의 피동사이다.

4.1.3 요약

앞에서 '-고 있다'와 '-아/어 있다'의 중국어 대응 양상을 분석한 결과를 요약하면 다음과 같다.

〈표 5〉 '-고 있다'와 '-아/어 있다'의 중국어 대응 양상 분석 결과

한국어 표현	한국어 의미	중국어 대응 양상	중국어 대응 양상의 의미
-고 있다	동작의 진행	在	동작의 진행
		正在	
	동작의 결과 지속	著	상태 지속
		了	동작의 결과 지속
-아/어 있다	동작 완료 후 상태 지속	了	동작 완료 후 상태 지속
		著	상태 지속

분석 결과, '-고 있다'의 의미에 따라 대응되는 중국어의 양상도 다르다. 하지만 공통점도 있는데 동작의 진행의 의미에 대응되는 중국어 표현은 모두 부사이고 동작의 결과 지속의 의미에 대응되는 중국어 표현은 모두 조사이다. 동작의 진행 의미에 대응되는 중국어 부사 '在, 正在' 두 가지는 모두 동작의 진행 의미를 뜻하는 것이다. 그래서 서로 바꿔서 쓰일 수 있다. 하지만 의미상의 미묘한 차이가

있다. 즉, '在'는 동작을 진행하는 것만 강조하는 반면, '正在'는 동작이 발생하는 시간과 그 동작을 진행하는 것을 모두 강조한다. 동작의 결과 지속의 의미에 대응되는 중국어는 하나는 '著'인데 이것도 동작의 결과 상태 지속의 의미를 뜻한다. 하지만 또 하나는 '了'인데 이는 동작의 결과 지속를 의미한다. 또한, '-아/어 있다'가 한 가지 동작 완료 후 상태 지속 의미를 가지고 있지만 그의 중국어 대응 표현은 두 가지가 있는데 하나는 조사 '了'이다. 이는 동작을 완료한 후에 그 상태 지속의 의미를 뜻한다. 또 하나는 '著'이다. 이는 동작의 상태 지속 의미를 뜻한다. 이를 통하여 한국어 '-고 있다'와 '-아/어 있다'의 형태와 의미가 다르지만 그들의 같은 중국어 대응 표현이 있다는 것을 알 수 있다. 즉 동작의 지속 의미를 지닌 조사 '著'와 동작의 완료 의미를 가진 '了'이다. 완료의 의미를 뜻하는 어기 조사와 동태 조사 '了' 두 가지가 있는데 여기서 대응되는 '了'는 모두 동태 조사이다. 하지만 다른 점은 '-고 있다'에서 '동사+보어+了', '동사+了+목적어' 두 가지 형태로 나타나고 '-아/어 있다'에서 '동사+了+목적어' 한 가지 형태만 나타나는 것을 확인하였다.

4.2 드라마 병렬말뭉치에서 '-고 있다'와 '-아/어 있다'의 중국어 대응 양상 분석

드라마 병렬말뭉치에서 '-고 있다'와 '-아/어 있다'의 중국어 대응 양상을 살펴봤다. 그 분석 결과는 다음 〈표 6〉과 같다.

<표 6> '-고 있다'와 '-아/어 있다'의 중국어 대응 양상 분석 결과

한국어 표현	의미	중국어 대응 양상	빈도	비율
-고 있다	동작의 진행	在	226	60%
		正在	19	5%
		呢	19	5%
		正 … 呢	4	1%
		在 … 呢	6	1%
	동작의 결과 지속	著	79	20%
-아/어 있다	동작 완료 후 상태 지속	了	26	6%
		著	7	2%
합계			386	100%

　분석 결과에 의하면 동작의 진행의 '-고 있다'에 대응되는 중국어 표현의 빈도순은 '在, 正在, 呢, 在 … 呢, 正 … 呢'로 나타냈다. 이에 따라 선행 연구에서 많이 언급되지 않았던 '在'가 실제 입말에서는 가장 많이 사용되는 현상을 보여주었다. 동작의 결과 지속의 '-고 있다'의 중국어 대응 표현은 조사 '著'로 나타났다. 동작 완료 후 상태 지속의 '-아/어 있다'의 중국어 대응 표현은 '了', '著'로 나타났다. 이에 따라 '-고 있다'와 '-아/어 있다'는 형태와 의미가 다르지만 중국어 대응 표현은 동일한 조사 '著'가 쓰임을 밝혔다. 이에 대해 다음 절에서 자세히 살펴보겠다.

4.2.1 '-고 있다'의 중국어 대응 양상

　'-고 있다'는 동작의 진행과 동작의 결과 지속 두 가지 의미를 가진다. 먼저 동작의 진행 의미의 '-고 있다'와 중국어 부사 '在, 正在,

呢, 在 … 呢, 正 … 呢'의 대응 관계를 다음 예문을 통하여 살펴보고
자 한다.

(11) 在: [동작의 진행]

ㄱ. 아빠. 지금 뭐 하<u>고 있</u>어? 〈49일 15회〉

爸爸. 現在你<u>在</u>做什麼?

ㄴ. 우리 지금 영화 찍<u>고 있</u>는 것 같지 않니? 〈49일 1회〉

我們不像<u>在</u>拍電影嗎?

예문 (11ㄱ-ㄴ)에서 '-고 있다'의 중국어 대응 표현은 '在'이다.
'在'는 부사이고 동사 앞에 쓰면 그 동작의 진행을 강조한다. 즉 '做
(하다)'와 '拍(찍다)'의 앞에 붙어서 두 동작이 지금 진행하는 중이라
는 의미를 뜻한다.

(12) 正在: [동작의 시간과 진행을 모두 강조함]

ㄱ. 찾<u>고 있</u>잖아요. 〈오마이레이디 14회〉

我不是<u>正在</u>找嗎。

ㄴ. 나 안 죽었어. 아니, 죽었을 리가 없어. 나, 지금 수술받<u>고</u>
<u>있</u>어. 〈49일 1회〉

我沒死, 不, 是根本就不可能死, 我現在<u>正在</u>接受手術。

예문 (12ㄱ-ㄴ)에서 '-고 있다'에 대응되는 중국어 표현은 '正在'
이다. '正在'는 부사이고 동사 앞에 붙어서 그 동사의 동작이 진행하
는 것과 진행하는 시간을 함께 강조하고 보통 시간 명사와 함께 출현
한다. 예문 (12ㄱ)처럼 생략하는 경우에는 그 동작의 진행하는 시간

이 '지금'의 의미를 가진다. 즉, '正在'는 '找'와 '接受手術'의 동작의 진행과 그의 시간을 모두 강조하는 것이다.

(13) 呢: [동작의 진행]

ㄱ. 오디션 볼 때까지 시간 좀 떼우고 있었어. 누나 지금 정말 예쁘다. 〈내 여자친구는 구미호 3회〉

趁試鏡沒開始, 在這兒打發時間呢。 姐姐 你真的好漂亮。

ㄴ. 그런데 얘는 어디서 뭘 먹고 있는 거야? 〈내 여자친구는 구미호 3회〉

不過她在哪兒吃什麼呢?

예문 (13ㄱ-ㄴ)에서 '-고 있다'의 중국어 대응 표현은 '呢'이다. '呢'는 어기 조사이다. 하지만 여기서는 동작 진행하는 중의 의미를 뜻한다. '呢'는 어기 조사이기 때문에 항상 문장 끝에 쓰인다.

(14) 在 … 呢: [동작의 진행]

ㄱ. 미호야, 너는 울고 있을 텐데 이제는 네가 울어도 비가 오지 않아. 〈내 여자친구는 구미호 16회〉

尾狐,你一定在哭呢, 如今就算你在哭也不會下雨了。

ㄴ. 대표님하고 투자자하고 얘기하고 있는 중인데. 〈오마이레이디 14회〉

代表跟投資方在談話呢。

예문 (14ㄱ-ㄴ)에서 '-고 있다'는 중국어의 대응 표현은 부사도 조사도 아닌 부사와 조사의 결합 표현이다. 즉 동작의 진행 중의 의미를 지닌 '在 … 呢'이다. 이때 중국어 동사는 '在 … 呢'의 중간에 들어간다. 이는 회화에서만 사용하는 특징이 있다. 이때 '呢'는 생략되기도 하는데, 생략되지 않을 경우 '청자의 관심과 주의를 이끌다'라는 의미가 있다.

    (15) 正 … 呢: [동작의 시간과 진행을 모두 강조함]

       ㄱ. 성민우 씨 지금 열심히 연습하<u>고 있</u>어요. 〈오마이레이디 5회〉

       晟敏宇先生現在**正**刻苦訓練**呢**。

       ㄴ. 네, 실장님.지금 가<u>고 있</u>어요. 〈내 여자친구는 구미호 3회〉

       是 室長我**正**過去**呢**。

예문 (15ㄱ-ㄴ)에서 '-고 있다'의 중국어 대응 표현은 '正 … 呢'이다. 중국어 동사는 '正 … 呢'의 중간에 두고 사용한다. '正 … 呢'는 동작의 시간과 진행을 모두 강조한다. 이 또한 회화에서 많이 사용하는 경향이 있다. 이때 '呢'는 생략되기도 하는데, 생략되지 않을 경우 '청자의 관심과 주의를 이끌다'라는 의미가 있다.

다음으로 동작의 결과 지속 의미의 '-고 있다'와 중국어 조사 '著'의 대응 관계를 다음 예문을 통하여 살펴보고자 한다.

    (16) 著: [상태 지속]

       ㄱ. 딱 봐도 커플링 같이 생긴 반지 보란듯이 끼<u>고 있</u>더라. 〈내 여자친구는 구미호 6회〉

       一看就是像情侶戒一樣的戒指, 很自豪的戴**着**呢。

       ㄴ. 너 아직도 내가 잡아먹을까 봐 그거 입<u>고 있</u>는 거야?

       〈내 여자친구는 구미호 2회〉

你还再怕我吃你才穿**着**那个吗？

예문 (16ㄱ-ㄴ)과 같이 '-고 있다'의 중국어 대응 표현은 조사 '着'이다. '着'는 동사 뒤에 붙어서 사용하여 그 동작의 지속 상태를 의미한다. 즉 '戴(끼다)'와 '穿(입다)'뒤에 '着'가 붙어서 '戴(끼다)'와 '穿(입다)'의 지속 상태를 뜻한다.

4.2.2 '-아/어 있다'의 중국어 대응 양상

'-아/어 있다'는 어떤 행위가 끝난 후 그 상태가 지속됨을 나타내는 표현이다. 그와 중국어 대응 표현 '了, 着'의 대응 관계를 다음 예문을 통하여 살펴보고자 한다.

(17) 了: [동작 완료 후 상태 지속]

　　ㄱ. 안에 컵도 많이 **쌓여 있**던데. 〈오마이레이디 4회〉
　　　　我看裏面**堆了**好多杯子呢。

　　ㄴ. 왜 안 자고 **나와 있**어? 〈내 여자친구는 구미호 14회〉
　　　　怎麼不睡覺**出來了**？

예문 (17ㄱ-ㄴ)과 같이 한국어 문장 '-아/어 있다'의 중국어 대응 표현은 '了'이다. 한국어 문장은 동작 완료 후 상태 지속의 문장이고 그의 중국어 대응 문장도 같은 의미이다. 그의 구조는 '동사+了+목적어'이나 '동사+了' 두 가지이다. 그리고 예문 (17ㄱ)의 동사 '쌓이다'는 피동사이고 예문 (17ㄴ)의 '나오다'는 자동사이다.

(18) 著: [상태 지속]

ㄱ. 아, 그렇게 바짝 **붙어 있으**면 사각지대가 안 보이지 않니?

〈내 여자친구는 구미호 8회〉

那樣緊**貼著**不是看不到後照鏡了嗎?

ㄴ. **숨어 있어.** 〈추적자 5회〉

藏著。

예문 (18ㄱ-ㄴ)에서처럼 '-아/어 있다'는 대응되는 중국어 표현은 조사 '著'이다. '著'는 동작 '貼(붙다)'와 '藏(숨다)'뒤에 붙어서 사용할 때 그 앞의 동사의 상태를 지속하는 의미가 있다.

4.2.3 요약

'-고 있다'와 '-아/어 있다'의 중국어 대응 양상을 분석한 결과를 요약하면 다음과 같다.

〈표 7〉 '-고 있다'와 '-아/어 있다'의 중국어 대응 양상 분석 결과

한국어 표현	한국어 표현의 의미	중국어 대응 양상	중국어 대응 양상의 의미
-고 있다	동작의 진행	在	동작의 진행
		正在	
		呢	
		正 … 呢	
		在 … 呢	
	동작의 결과 지속	著	상태 지속
-아/어 있다	동작 완료 후 상태 지속	了	동작 완료 후 상태 지속
		著	상태 지속

분석 결과, '-고 있다'의 의미에 따라 대응되는 중국어 표현은 각각 다르다. 동작의 진행 의미에 대응되는 중국어 표현은 부사인 '在, 正在'도 있고 조사인 '呢'도 있고 부사와 조사를 결합한 표현 '正 … 呢, 在 … 呢'도 있다. 이 표현들은 모두 동작의 진행 의미를 뜻하는 것이다. 그래서 서로 바꿔서 쓰일 수 있다. 하지만 의미상의 미묘한 차이가 있다. '正在'는 동작이 진행되는 시간과 동작의 진행 상태를 모두 강조하고 '在'는 동작을 진행 중임을 강조한다. '正 … 呢, 在 … 呢'에서의 '呢'는 관심과 주의를 이끄는 의미가 있는데 생략하기도 한다. 동작의 결과 지속의 의미에 대응되는 중국어 '著'는 그 동작의 결과가 지속한다는 의미가 있다. 이상의 분석 결과는 徐昌火(2004)에서 중국어에서 행위의 진행의 의미가 나타나는 표현은 '在', '正在', '呢', '正 … 呢', '在 … 呢' 등 여러 가지 있다는 것과 일치하였다. 그리고 '正 … 呢'와 '在 … 呢'의 차이는 '正'와 '在'의 차이이다. 즉 '正'는 동작의 시간을 강조하고 '在'는 동작의 진행을 강조한다.

또한, '-아/어 있다'의 중국어 대응 표현에는 두 가지가 있는데 하나는 조사 '了'이다. 이는 '-아/어 있다'의 의미와 같은 것임을 확인하였다. 즉 동작의 완료 후 상태 지속을 의미한다. 또 하나는 '著'이다. 이는 동작의 상태 지속 의미를 뜻한다. 이를 통하여 한국어 '-고 있다'와 '-아/어 있다'의 형태와 의미가 다르지만 그들의 같은 중국어 대응 표현 조사 '著'가 있음을 밝혔다. 완료의 의미를 뜻하는 어기 조사와 동태 조사 '了' 가 있는데 여기서 대응되는 '了'는 모두 동태 조사이다. '-아/어 있다'에서 '동사+了+목적어', '동사+了' 두 가지로 나타났다.

4.3 글말과 입말에서 '–고 있다'와 '–아/어 있다'의 중국어 대응 양상의 차이

4.3.1 '–고 있다'와 '–아/어 있다'의 중국어 대응 양상의 빈도 비율 비교

글말과 입말에서 '–고 있다'와 '–아/어 있다'의 빈도 및 그에 대응되는 중국어 표현의 빈도 비율을 비교하면 다음과 같다.

〈표 8〉 '–고 있다'와 '–아/어 있다'의 중국어 대응 양상의 빈도 비율 비교

한국어 표현	의미	중국어 대응 양상	신문(%)	드라마(%)
–고 있다	동작의 진행	在	9	60
		正在	42	5
		呢	-	5
		正 … 呢	-	1
		在 … 呢	-	1
	동작의 결과 지속	著	7	20
		了	18	-
–아/어 있다	동작 완료 후 상태 지속	了	15	6
		著	9	2

분석 결과, 신문이나 드라마에서 동작의 진행 의미 '–고 있다'는 '在, 正在'와 모두 대응되는 현상을 보인다. 신문에서 '正在'의 빈도가 가장 높은 반면, 드라마에서는 '在'의 빈도가 가장 높게 나타났다. 이를 통하여 동작의 진행 의미 '–고 있다'는 글말에서 '正在', 입말에서 '在'와 많이 대응되어 사용되는 것을 추측할 수 있다. 그리고 신문보다 드라마에서 '–고 있다'의 중국어 대응 표현이 다양하게 나타난 것도 밝혔다. 특히 회화에서 자주 나타난 '呢, 正 … 呢, 在 … 呢' 표현은 입말에서만 사용되는 현상을 확인하였다. 그리고 신문이나 드

라마에서 동작의 결과 지속 의미 '-고 있다'는 '著'와 모두 대응되는 관계에 있는 것으로 나타났다. 하지만 신문에서는 '了'와도 대응될 뿐만 아니라 '了'이 오히려 비교적 높은 빈도로 출현하였다. 반면 드라마에서는 '著'만 대응되는 것을 알 수 있다. 마지막으로 신문이나 드라마에서 '-아/어 있다'에 대응되는 동일한 중국어 표현은 '了, 著' 두 가지로 나타났다. 이를 통하여 '-고 있다'와 '-아/어 있다'의 중국어 대응 표현에서는 모두 '了, 著'가 있는데 의미 또한 같은지 다음 절에서 살펴보겠다.

4.3.2 '-고 있다'와 '-아/어 있다'의 중국어 대응 양상의 의미 비교

글말과 입말에서 '-고 있다'와 '-아/어 있다'에 대응되는 중국어 표현의 의미를 비교하면 다음과 같다.

〈표 9〉 '-고 있다'와 '-아/어 있다'의 중국어 대응 양상의 의미 비교

한국어 표현	의미	중국어 대응 양상	신문 중의 의미	드라마 중의 의미
-고 있다	동작의 진행	在	동작의 진행	동작의 진행
		正在	동작의 진행	동작의 진행
		呢	-	동작의 진행
		正 … 呢	-	동작의 진행
		在 … 呢	-	동작의 진행
	동작의 결과 지속	著	상태 지속	상태 지속
		了	동작의 결과 지속	-
-아/어 있다	동작 완료 후 상태 지속	了	동작 완료 후 상태 지속	동작 완료 후 상태 지속
		著	상태 지속	상태 지속

분석 결과에 따르면 신문이나 드라마에서 동작 진행 의미의 '-고 있다'에 대응되는 중국어 표현은 부사 '在'와 '正在'는 모두 동작의 진행을 의미한다. 그리고 드라마에서만 사용된 중국어 대응 표현에는 조사 '呢'가 있으며, 부사와 조사의 결합 표현인 '正 … 呢, 在 … 呢'는 모두 동작의 진행 의미를 표현한다. 이런 결과를 통하여 드라마에서 '-고 있다'의 중국어 대응 표현의 형태와 품사가 다르지만 그 의미는 같다는 것을 알 수 있다. 그리고 신문이나 드라마에서 동작의 결과 지속 의미의 '-고 있다'에 대응되는 중국어 표현 조사 '著'도 동작의 결과 상태 지속을 의미한다. 하지만 신문에서만 출현된 중국어 대응 표현 '了'는 동작의 결과 지속 의미를 지닌다. 마지막 신문이나 드라마에서 '-아/어 있다'의 중국어 대응 표현 '了'는 동작 완료 후 상태 지속, '著'는 상태 지속의 의미를 뜻한다. 이에 따라 한국어 '-고 있다'와 '-아/어 있다'의 같은 중국어 대응 표현 '著'는 의미도 같고 형태도 같다는 것을 밝혔다. 하지만 한국어 '-고 있다'와 '-아/어 있다'의 같은 중국어 대응 표현 '了'는 형태가 같지만 의미가 다르다는 것임을 밝혔다. 呂叔湘 외(2002)는 '著'는 동작의 진행 또는 상태의 지속 두 가지 의미가 있다고 하였는데 본 연구의 결과에서는 '著'의 상태 지속 의미만 출현한 것을 알 수 있다. 이러한 결과는 글말과 입말의 사용 양상이 다르다는 것을 확인하였기 때문에 한국어 학습자에게 도움이 될 것이다.

5. 맺음말

지금까지 신문과 드라마 병렬말뭉치로 한국어 보조 용언 '-고 있다'와 '-아/어 있다'의 의미에서의 쓰임을 분석하여 그에 해당하는 중국어 대응 표현의 빈도, 의미까지 살펴보았다. 더 나아가 글말과 입말을 구별해서 대응되는 양상도 밝혔다. 이를 통하여 본 연구의 결과와 선행 연구의 결과의 차이점을 다음과 같이 요약하여 맺음말로 삼는다.

먼저, '-고 있다'는 '동작의 진행', '동작의 반복', '동작의 결과 지속' 세 가지 의미가 있는데 글말과 입말에서 모두 '동작의 진행'과 '동작의 결과 지속' 두 가지 의미만 나타나는 것을 확인하였다. 특히 동작의 진행 의미 '-고 있다'의 경우 글말에서는 '正在', 입말에서는 '在'와 많이 대응되어 사용함을 밝혔다. 그리고 글말보다 입말에서 '동작의 진행'의 의미를 많이 사용하였고 그에 해당하는 중국어 표현도 다양함을 보여주었다. 특히 '呢, 正 … 呢, 在 … 呢' 표현은 입말 특성에 맞게 회화에서만 사용하는 현상을 밝혔다. 한국어 '-고 있다'는 보조 용언이지만 그의 중국어 대응 표현은 '부사, 조사, 부사+조사' 3가지가 있다는 것을 알 수 있었다. 또한, 선행 연구에서의 '正'는 글말이나 입말에서도 나타나지 않았기 때문에 의사소통을 할 때 사람들이 사용하는 빈도가 낮다는 것을 추측할 수 있다. 그리고 본 연구는 입말에서 사용되는 표현 '在 … 呢'를 추가적으로 발견했다.

다음으로, 글말이나 입말에서 '동작의 결과 지속'의 의미로 사용하는 빈도가 비슷하기 때문에 사용하는 현상도 비슷할 것으로 추측할 수 있다. 하지만 '-고 있다'와 그의 중국어 대응 표현의 품사와 의미가 서로 다르고 글말과 입말에서의 대응 양상도 다르다는 것을 보여주었다. 즉, 입말보다 글말에서 나타난 대응 양상이 더 많다는 결과를 보여주었다. 글말에서는 '著', '了'가 출현하였지만, 입말에서는 '著'만 출현하였다.

마지막으로, 입말보다 글말에서 '-아/어 있다'를 더 많이 사용하는 것을 확인하였다. 그리고 그의 중국어 대응 표현 '了, 著'은 신문이나 드라마에서 같은 형태와 의미로 나타났으며, 글말과 입말 모두에서 '了'가 고빈도로 나타났다. 또한 선행 연구에서의 '在'는 글말이나 입말에서는 모두 출현하지 않음으로 사용 빈도가 높지 않다는 것을 보여주었다.

본 연구는 글말과 입말의 병렬말뭉치 연구 방법에 기반하여 '-고 있다'와 '-아/어 있다'의 의미 양상과 그의 중국어 대응 표현의 복잡한 양상을 밝혔다는 점에서 의의가 있다. 이 연구 결과는 중국인 한국어 학습자를 위한 교과서나 사전 편찬에서 기초 자료로 삼을 수 있다. 또한 대조 분석과 통번역 교육에서도 활용될 수 있다. 특히 글말과 입말에 따라서 차별화된 기초 자료가 될 것이다.

한편, 본 연구에서 사용한 신문과 드라마 병렬말뭉치의 규모를 확대한다면 더 정확하고 체계적인 결과가 나올 수 있을 것으로 생각된다.[2]

---

2) 이 글은 『한중언어문화연구』37호, 21~57쪽에 실린 글을 수정·보완한 것임.

제5장

한국어 접미사 사동과 중국어 사동의 대응 양상 연구

1. 머리말

본 연구에서는 드라마 병렬말뭉치를 분석하여 한국어 접미사 사동의 어근과 격틀을 살펴보고 그와 대응하는 중국어 사동의 대응 양상 및 특징을 밝히는 데 목적을 둔다. 한국어 사동은 중국인 한국어 학습자가 어렵게 느끼는 문법 범주 가운데 하나인데, 그중에서도 접미사 사동의 경우 그 종류가 복잡하고 다양하기 때문에 학습의 어려움이 더 크다고 할 수 있다. 이에 본 연구에서는 '-아-, -히-, -리-, -기-, -우-, -추-, -애-'에 따라 분석하지 않고 사동사의 어근이 '자동사', '타동사', '형용사'인지에 따라 분석하겠다. 왜냐하면 중국인 한국어 학습자가 사동사를 하나하나 기억하는 것보다 사동사를 보았을 때 그의 어근 유형에 따라 구분하는 것이 더 쉽기 때문이다. 많은 선행 연구에서도 사동사의 어근을 자동사, 타동사, 형용사로 나눠서 제시하였으므로, 본 연구에서도 이를 따르고자 한다. 또한 같은 형태의 접미사 피사동이 존재하기 때문에 격틀까지 보조해서 살펴봐야 한다. 이문화(2016)에서 한국어의 '보이다'는 피동사일 뿐 아니라 사동사로도 사용되는데, 사동사로 쓰이면 해당 문장의 격틀은 'NP1이 NP2에게 NP3을 보이다'로 실현되고, 피동사로 쓰이면 그 격틀은 'NP이 보이다'로 실현되므로, 이를 구분해야만 피동사인지, 사동사인지 판단할 수 있게 된다. 게다가 한국어의 격 조사가 중국어보다 발달하였기 때문에 중국인 한국어 학습자들이 한국어 사동의 격틀 구조를 파악하는데 많은 어려움을 겪는다. 그래서 본 연구에서 어근과 격틀에 따른 접미사 사동이 중국어 사동과 대응되는 경향성과 왜 그런 경향성이 있는지도 밝히고자 한다.

강현화·이미혜(2011)은 한국어 교수에 필요한 문어 문법과 구어 문법의 연구에서 문어 문법은 문어 자료에서의 사용 빈도나 장르에 근거한 것이 바탕이 되어야 하며, 구어 문법은 구어 자료에 기반한 구어 표현 덩어리의 교수에 주의를 기울여야 한다고 하였다. 또한 현재 국내 연구는 이 부분에 충분한 노력을 기울이지 못하고 있음을 언급하였다. 따라서 본 연구는 구어 자료에 속한 드라마 병렬말뭉치를 대상으로 분석하겠다.[1]

그러므로 본 연구에서는 입말 자료인 83만 어절 드라마 병렬말뭉치에서 출현한 접미사 사동 2,663개를 분석하였다. 그중 426개는 중국어 사동과 대응되었다. 이를 대상으로 접미사 사동의 어근 유형과 격틀을 분석하고 비교하겠다. 그런 다음 '자동사 어근', '타동사 어근', '형용사 어근'의 유형과 격틀에 따른 중국어 사동의 양상과 특징

---

1) 본 연구는 이문화(2016)에 따라 사용한 약 83만 어절 드라마 병렬말뭉치와 연구 방법은 다음과 같다.

을 밝히고자 한다. 특히 그들 간에 왜 그런 대응 경향성이 나타나는 지 해석해 보겠다.

〈표 1〉 드라마 병렬말뭉치

드라마		편수	드라마		편수
〈풀하우스〉	KBS2(2004)	16	〈달자의 봄〉	KBS2(2007)	22
〈미안하다 사랑한다〉	KBS2(2004)	16	〈꽃보다 남자〉	KBS2(2009)	25
〈쾌걸춘향〉	KBS2(2005)	17	〈내 여자 친구는 구미호〉	SBS(2010)	16
〈내 이름은 김삼순〉	MBC(2005)	16	〈오! 마이 레이디〉	SBS(2010)	16
〈환상의 커플〉	MBC(2006)	16	〈49일〉	SBS(2011)	20
〈눈의 여왕〉	KBS2(2006)	16	〈부탁해요 캡틴〉	SBS(2012)	20
〈아이엠샘〉	KBS2(2007)	16	〈추적자〉	SBS(2012)	16
〈커피프린스1호점〉	MBC(2007)	18	〈개인의 취향〉	MBC(2010)	16
〈착한 남자〉	SBS(2000)	20	〈공부의 신〉	KBS2(2010)	16
〈나쁜 남자〉	SBS(2010)	17	〈다섯 손가락〉	SBS(2012)	30
〈신사의 품격〉	SBS(2012)	20	〈드림하이〉	KBS2(2012)	1-2
〈영광의 재인〉	KBS2(2011)	1	〈학교 2013〉	KBS2(2012)	1
〈연애조작단〉	tvN(2013)	1	〈이웃집 꽃미남〉	tvN(2013)	1
〈제빵왕 김탁구〉	KBS2(2010)	1	〈보스를 지켜라〉	SBS(2011)	1
〈시티헌터〉	SBS(2011)	1	〈보고 싶다〉	MBC(2012)	1
〈시크릿가든〉	SBS(2010)	1	〈여인의 향기〉	SBS(2011)	1
〈마왕〉	KBS2(2007)	1	〈여왕의 교실〉	MBC(2013)	1
〈그 겨울 바람이 분다〉	SBS(2013)	1	〈나인〉	tvN(2013)	1
총 어절 수			833,356		

연구 방법은 먼저 Editplus3, U-tagger, U-taggerCorrector 프로그램으로 말뭉치에서의 접미사 사동의 형태를 분석하였다. 그러나 같은 형태이어도 피사동사도 있고 사동이 아닌 것도 존재할 수 있기 때문에『표준국어대사전』에 근거하여 접미사 사동이 아닌 동형의 형태들을 제외시켰다. 격틀은『연세 현대한국어사전』과『표준국어대사전』에 따라 분석하였다.

2. 선행 연구

최현배(1937/1961)에서 한국어의 사동을 '-이-', '-히-', '-리-', '-기-', '-우-', '-추-', '-구-', '-애-(없애)'의 접미사 사동, '-시키다'로 만든 사동, 그리고 '-게 하다' 사동으로 분류하였으며 각각을 첫째, 두째(둘째), 세째(셋째) 사동으로 이름 짓고 각각의 특징에 대해 언급한다고 하였다. 그중 첫째 사동은 용언 어간에 접미사 '-이-, -히-, -리-, -기-, -우-, -구-, -추-, -애-'가 붙어 실현되기 때문에 '접미사동', '단형사동', '파생사동', '짧은 사동'이라 부르기도 한다. 선행 연구에서 제시한 접미사 사동의 연구는 주로 남기심·고영근(1993), 국립국어원(2005), 서정수(2006), 楊一(2010), 전전령(2011), 손영(2012), 주원사(2014), 이문화(2016) 등이다. 기존의 대부분의 연구에서는 사동사의 원동사를 자동사, 타동사, 형용사로 나눠서 제시하였다.[2] 따라서 본 연구는 대부분 학자의 연구에 따라 사동사의 주동사

---

2) 선행 연구를 제시한 접미사 사동을 종합적으로 정리하면 다음과 같다.
   [원동사가 자동사인 경우]
   -이- : 기울이다, 끓이다, 녹이다(녹히다), 눕히다(누이다), 닳이다, 덧붙이다, 들이다, 붙이다, 삭이다, 속이다, 숙이다, 썩이다, 절이다, 죽이다, 줄이다, 선보이다, 욕보이다
   -히- : 가라앉히다, 굳히다, 맞히다, 묵히다, 묻히다, 삭히다, 식히다, 썩히다, 앉히다, 익히다, 주저앉히다
   -리- : 걸리다, 끓리다, 굴리다, 날리다, 놀리다, 늘리다, 돌리다, 되돌리다, 맴돌리다, 부풀리다, 불리다, 살리다, 아물리다, 얼리다, 올리다, 울리다, 추슬리다, 불리다(붇다), 되살리다
   -기- : 굶기다, 남기다, 넘기다, 숨기다, 옮기다, 웃기다, 튀기다, 벌거벗기다
   -우- : 깨우다, 띄우다, 띠우다, 메우다, 비우다, 새우다, 세우다, 재우다, 찌우다, 채우다, 태우다, 틔우다, 피우다, 앞세우다
   -구- : 솟구다

146

를 자동사, 타동사, 형용사로 나눠서 '자동사 어근, 타동사 어근, 형용사 어근'에 따라 연구하겠다. 격틀은 이문화(2016)에서 제시한 K1, K2, K3, K4 격틀을 기준으로 연구하겠다. 즉, 'NP1이 NP2를 V, NP1이 NP2에게 NP3을 V, NP1이 NP2에 NP3을 V, NP1이 NP2를 NP3으로 V'이다. 본 연구는 이문화(2016)의 연구 바탕에서 접미사 사동과 중국어 유표지 사동의 대응 양상에 대해 더 상세히 알아보고자 하기에 본 연구에서의 중국어 유표지 사동은 이문화(2016)에 따라 중국어 사동인 '讓사동, 使사동, 叫사동, 給사동, 把사동'을 사용하겠다.

[원동사가 타동사인 경우]
-이- : 깎이다, 꼬이다, 누이다, 눅이다, 딱이다, 먹이다, 박이다, 보이다, 쓰이다(씌우다), 엮이다
-히- : 받히다, 업히다, 읽히다, 입히다, 잡히다, 굽히다
-리- : 갈리다, 들리다, 말리다, 물리다, 발리다, 벌리다, 불리다, 빨리다, 실리다, 알리다
-기- : 감기다, 뜯기다, 맡기다, 벗기다, 빗기다, 신기다, 씻기다, 안기다
-우- : 깨우다, 돋우다, 지우다, 채우다,
[원동사가 형용사인 경우]
-이- : 높이다, 눅이다
-히- : 괴롭히다, 굽히다, 넓히다, 더럽히다, 덥히다, 밝히다, 어지럽히다, 좁히다, 높이다, 어지럽히다
-우- : 키우다
-구- : 달구다
-추- : 낮추다, 늦추다
-애- : 없애다

3. 접미사 사동의 분석 결과

3.1 접미사 사동의 유형 분석 결과

드라마 병렬말뭉치에서 '타동사 어근', '자동사 어근', '형용사 어근'의 접미사는 어떻게 쓰이는지를 분석하였다. 분석한 결과는 다음과 같다.

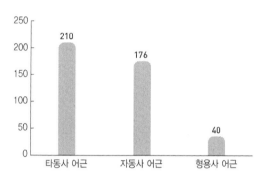

〈그림 1〉 접미사 사동의 유형

분석 결과에 의하면 드라마 병렬말뭉치에서 '타동사 어근', '자동사 어근', '형용사 어근' 세 유형 접미사 사동이 모두 나타났다. 하지만 그들의 사용 빈도순은 다르다는 것을 보여준다. 그중 '타동사 어근'과 '자동사 어근'의 접미사 사동은 비교적 고빈도로 나타났다. 즉, 입말에서는 '타동사 어근'과 '자동사 어근'의 사동사가 많이 쓰인 것을 추측할 수 있다. 이에 대해 다음 예문을 통하여 살펴보겠다.

(1) 타동사 어근
    시금치는 언니가 좋아하는 척했지만 송이수 <u>먹이</u>려고 그랬던 거고. 〈49일 17회〉

(2) 자동사 어근

　나 민지 더는 안 **울릴** 거란 말이야. 〈오마이레이디 4회〉

(3) 형용사 어근

　내 꼬리를 **없애**고 인간의 기를 넣은 게 너지? 내 꼬리 내놔.
〈내 여자친구는 구미호 14회〉

　위의 예문 (1-3)에서 각 사동사 '먹이다, 울리다, 없애다'의 주동사
는 '먹다, 울다, 없다'이다. '먹다'는 타동사이고, '울다'는 자동사이고,
'없다'는 형용사이다. 그래서 '먹이다'는 타동사 어근에 속하고 '울리
다'는 자동사 어근에 속하고 '없애다'는 형용사 어근에 속한다.

3.2 접미사 사동의 격틀 분석 결과

　드라마 병렬말뭉치에서 '타동사 어근', '자동사 어근', '형용사 어
근'의 접미사 사동의 격틀을 분석하였다. K1(NP1이 NP2를 V)는 210
회, K2(NP1이 NP2에게 NP3을 V)는 174회, K3(NP1이 NP2에 NP3을
V)는 31회, K4(NP1이 NP2를 NP3으로 V)는 11회이다. 이에 대해 구
체적인 분석 결과는 다음과 같다.

〈표 2〉 접미사 사동의 격틀 분석 결과

유형＼격틀	K1	K2	K3	K4
타동사 어근	22	173	15	0
자동사 어근	148	1	16	11
형용사 어근	40	0	0	0
합계	210	174	31	11

분석 결과에 따르면 접미사 사동의 격틀은 4가지로 나타났지만 접미사 사동의 어근에 따라 다르게 나타난 것을 알 수 있다. 다시 말하면 '타동사 어근', '자동사 어근', '형용사 어근'의 사동사 격틀이 다 다르게 나타났다. '타동사 어근' 접미사 사동에서 K1, K2, K3 3가지 격틀이 나타났고 그중 K2(NP1이 NP2에게 NP3을 V)격틀을 많이 사용하는 경향성을 보인다. '자동사 어근' 접미사 사동에서 K1, K2, K3, K4 4가지 격틀이 모두 출현하였다. 그중 K1(NP1이 NP2를 V)격틀을 많이 사용하는 경향을 추측할 수 있다. '형용사 어근' 접미사 사동에서는 K1(NP1이 NP2를 V)격틀만으로 나타나 K1격틀만 쓰이는 것을 알 수 있다. 따라서 이런 경향이 나타난 이유는 바로 어근이 다르기 때문인 것을 추측할 수 있다. 이 연구 결과는 중국인 한국어 학습자가 접미사 사동으로 의사소통할 때 도움이 된다. 즉, 타동사인 주동사를 사동으로 표현할 때는 'NP1이 NP2에게 NP3을 V' 격틀이 쓰이고 자동사인 주동사를 사동으로 표현할 때는 'NP1이 NP2를 V' 격틀이 쓰이며, 형용사인 주동사를 사동으로 표현할 때는 'NP1이 NP2를 V' 격틀만 쓰인다는 것을 알 수 있다. 다음 예를 통하여 살펴보기로 한다.

(4) 타동사 어근: K2(NP1이 NP2에게 NP3을 V)
그러게 … 왜 진작 이런 모습 나한테 보이지 않았니. 〈개인의 취향 14회〉

위의 예문 (4)에서 NP1은 청자, NP2는 '나', NP3은 '모습', V는 '보이다'이다. 이 격틀에 부사어로 사용된 여격 '나한테'가 출현하였다. 이것의 역할은 '피사동주 겸 행위주'로서 여기서는 '-한테'로 사용되었지만 '-한테' 대신 '-에게' 역시 사용할 수도 있다. 그리고 사동사는 '보이다'이고 그의 주동사 '보다'는 타동사이다. 타동사에는 반드시 목적어가 필요하기 때문에 사동 표현으로 전환할 때 이와 같은 K2격틀이 많이 쓰임을 알 수 있다.

> (5) 자동사 어근: K1(NP1이 NP2를 V)
>   내가 민우 씨 웃겨볼까요? 〈오마이레이디 5회〉

위의 예문 (5)에서 NP1은 '나', NP2는 '민우씨', V는 '웃기다'이다. 서술어 '웃기다'의 주동사 '웃다'이다. '웃다'는 목적어가 필요 없는 자동사이다. 그래서 K1격틀을 많이 사용하는 경향이 나타났다.

> (6) 형용사 어근: K1(NP1이 NP2를 V)
>   그럼 호텔 룸 온도 높여줄게요. 〈신사의 품격 6회〉

위의 예문 (6)에서 NP1은 화자, NP2는 '온도', V는 '높이다'이다. 이 격틀에 사동사는 '높이다'이고 그의 주동사 '높다'는 형용사이다. 그래서 이 격틀을 사용하는 것을 알 수 있다.

4. 접미사 사동과 중국어 사동의 대응 양상 분석 결과

4.1 어근에 따른 접미사 사동과 중국어 사동의 대응 양상

앞서 보았듯이 드라마 말뭉치에서 나타난 '타동사 어근', '자동사 어근', '형용사 어근' 접미사 사동은 각 210회, 176회, 40회이다. 이에 대한 중국어 사동과 대조 분석 결과는 이문화(2016)에서 제시하였다. 즉, 讓사동은 225회, 叫사동은 14회, 給사동은 83회, 把사동은 104회이었다. 이를 바탕으로 하여 각 어근에 따른 접미사 사동은 중국어 사동과 어떻게 대응되는지 다음과 같이 살펴보고자 한다.

4.1.1 어근에 따른 접미사 사동과 讓사동의 대응 양상

병렬말뭉치에서 어근에 따른 접미사 사동과 讓사동의 대응 양상은 다음과 같다.

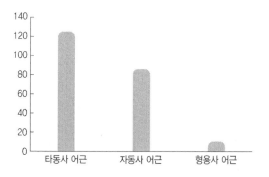

〈그림 2〉 접미사 사동과 讓사동의 대응 양상

위 그림에서 보듯이 드라마 병렬말뭉치에서 중국어 讓사동과 대응되는 접미사 사동을 빈도순으로 나열하면 '타동사 어근, 자동사 어근, 형용사 어근'의 접미사 사동이다. 그중 타동사 어근의 접미사 사동과 비교적 높은 빈도로 대응되는 것을 보인다. 이러한 분석 결과를 통하여 입말에서 타동사 어근의 접미사 사동은 중국어 讓사동과 많이 대응하여 쓰인다는 것을 밝혀냈다. 이런 대응 양상이 나타난 것은 讓의 의미와 관련이 있다. 讓는 '致使(-하게 하다/-하도록 만들다), 指使(지시하다), 容許(허용하다/허락하다/허가하다), 聽任(마음대로 하게 하다)'의 의미를 가진다. 이런 특성으로 인해 타동사 어근의 접미사 사동과 많이 대응되는 경향성이 있음을 추측할 수 있다. 이런 결과는 다음 예문을 통하여 자세히 살펴볼 수 있다.

(7) 타동사 어근

아빠는 딸한테 뒷모습을 **보이**지 않는다. 〈추적자 1회〉

老爸是不會**讓**女兒**看到**老爸的背影。

(8) 자동사 어근

날 죽여라 **죽여**. 〈미안하다 사랑한다 7회〉

幹脆**讓**我**死**了算了。

(9) 형용사 어근

왜? **괴롭힐** 사람 없으니까 심심해? 〈아이엠샘 6회〉

怎麼? 沒有**讓**你**折磨**的人就無聊了嗎?

예문 (7-9)에서 '보이다, 죽이다, 괴롭히다'의 주동사는 각 '보다, 죽다, 괴롭다'이다. 그중 보다는 타동사, 죽다는 자동사, 괴롭다는 형용사이다. '보이다'는 '讓－看到', '죽이다'는 '讓－死', '괴롭히다'는 '讓－折磨'로 번역해서 중국어 讓사동과 대응되었다. 그리고 예문 (7-9)에서 讓의 의미가 다르다. 즉, '讓－看到'에서 讓는 致使(-하게 하다/-하도록 만들다)의미가 강하고, '讓－死'에서 讓는 명령의 의미가 강하고, '讓－折磨'에서 讓는 허용의 의미가 강하다. 이를 통하여 타동사 어근, 자동사 어근, 형용사 어근의 접미사 사동은 대응되는 讓사동의 의미가 다를 수 있다는 것을 알 수 있다. 그중 타동사 어근에 따른 접미사 사동은 致使(-하게 하다/-하도록 만들다)의미를 가진 讓사동, 자동사 어근에 따른 접미사 사동은 명령 의미를 가진 讓사동, 형용사 어근에 따른 접미사는 허용 의미를 가진 讓사동과 많이 대응되는 현상을 보인다.

4.1.2 어근에 따른 접미사 사동과 叫사동의 대응 양상

병렬말뭉치에서 어근에 따른 접미사 사동과 叫사동의 대응 양상
은 다음과 같다.

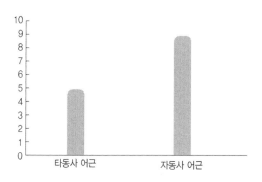

〈그림 3〉 접미사 사동과 叫사동의 대응 양상

분석 결과를 볼 때, 드라마 병렬말뭉치에서 중국어 叫사동과 대응
되는 접미사 사동을 빈도순으로 나열하면 '자동사 어근, 타동사 어근'
의 접미사 사동이다. 그중 자동사 어근의 접미사 사동과는 비교적
높은 빈도로 대응되는 반면에 형용사 어근의 접미사 사동은 중국어
叫사동과 잘 대응되지 않는 것을 알 수 있다. 이러한 분석 결과에
따라 입말에서 자동사 어근의 접미사 사동은 중국어 叫사동을 대응
하여 사용하는 경향성을 보인다. 이런 대응 양상이 나타난 것은 叫의
의미와 관련이 있다. 이에 대해 다음 예문을 통하여 살펴볼 수 있다.

(10) 타동사 어근

　　고양이한테 생선 **맡겼**지. 〈다섯손가락 9회〉

　　這不等於**叫**狼**看管**羊嗎?

(11) 자동사 어근

엄마한테도 외삼촌 속 **썩이**지 말라고 할게요. 〈미안하다 사랑한다

10회〉

我還會跟媽媽說**叫**她不要**惹**舅舅生氣。

예문 (10-11)에서 '맡기다, 썩이다'의 주동사는 각 '맡다, 썩다'이다. '맡다'는 타동사이고 '썩다'는 자동사이다. 그의 사동사는 중국어 '叫 – 看管', '叫 – 惹'으로 번역해서 叫사동과 대응되었다. 하지만 叫는 시키는 의미, 허락하는 의미, 명령하는 의미가 있다. '叫 – 看管'의 叫의미는 시키는 의미가 강하고 '叫 – 惹'의 叫의미는 명령의 의미가 강하다. 따라서 자동사 어근에 따른 접미사 사동은 명령 의미를 가진 중국어 叫사동과 많이 대응되는 것을 추측할 수 있다.

4.1.3 어근에 따른 접미사 사동과 給사동의 대응 양상

병렬말뭉치에서 어근에 따른 접미사 사동과 給사동의 대응 양상은 다음과 같다.

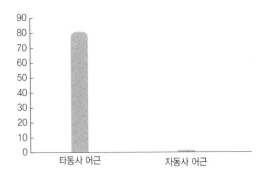

〈그림 4〉 접미사 사동과 給사동의 대응 양상

분석 결과에 따르면 드라마 병렬말뭉치에서 중국어 給사동과 대응되는 접미사 사동을 빈도순으로 나열하면 '타동사 어근, 자동사 어근'의 접미사 사동이다. 그중 타동사 어근의 접미사 사동과 비교적 높은 빈도로 대응되는 반면에 형용사 어근의 접미사 사동은 중국어 給사동과 대응되지 않는 것을 알 수 있다. 이러한 분석 결과에 따라 입말에서 타동사 어근의 접미사 사동은 중국어 給사동과 많이 대응하여 사용하는 경향성을 보인다. 이런 대응 양상이 나타난 것은 給의 의미와 관련이 있다. 이에 대해 다음 예문을 통하여 살펴볼 수 있다.

(12) 타동사 어근

그냥 빵 **먹여**요. 〈오마이레이디 4회〉

那就**給**她**吃**面包。

(13) 자동사 어근

부족해. 이 참을 수 없는 목마름을 **채워**야겠어. 기를 나누자.
〈내 여자 친구는 구미호 14회〉

不夠用了。這無法忍受的欲望一定要**給填滿**。我們分享氣息吧。

예문 (12-13)에서 '먹이다, 채우다'의 주동사는 각 '먹다, 차다'이다. '먹다'는 타동사이고 '차다'는 자동사이다. 그의 사동사는 중국어 '給 - 吃', '給 - 塡滿'으로 번역해서 給사동과 대응되었다. 하지만 給의 사동 의미는 허락이나 허용하는 의미도 있고 시키는 의미도 있다. '給 - 吃'의 給는 허용하는 의미, '給 - 塡滿'의 給는 시키는 의미가 더 강하다. 이를 통하여 타동사 어근에 따른 접미사 사동은 허락이나 허용하는 의미를 가진 중국어 給사동과 많이 대응되는 경향성이 있는 것을 알 수 있다.

4.1.4 어근에 따른 접미사 사동과 把사동의 대응 양상

병렬말뭉치에서 어근에 따른 접미사 사동과 把사동의 대응 양상은
다음과 같다.

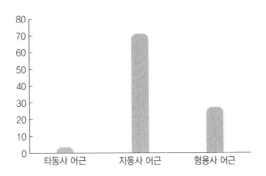

〈그림 5〉 접미사 사동과 把사동의 대응 양상

분석 결과, 드라마 병렬말뭉치에서 중국어 把사동과 대응되는 접
미사 사동을 빈도순으로 나열하면 '자동사 어근, 형용사 어근, 타동사
어근'의 접미사 사동이다. 그중 자동사 어근의 접미사 사동과 비교적
높은 빈도로 대응되었다. 이러한 분석한 결과에 따라 입말에서 자동
사 어근의 접미사 사동은 중국어 把사동과 대응하여 많이 사용하는
경향성을 보인다. 이런 대응 양상이 나타난 것은 把의 특성과 관련이
있다. 이에 대해 다음 예문을 통하여 살펴볼 수 있다.

(14) 타동사 어근
술 왕창 **먹여**갖구 고백 할 말이 있었는데. 〈미안하다 사랑한다 10회〉
本來想**把**他**灌醉**之後表白一件事的。

(15) 자동사 어근

혹시 날 <u>살려</u> 볼 능력이 안 되나요? 〈미안하다 사랑한다 10회〉

我問你你有沒有能力<u>把</u>我<u>救活</u>。

(16) 형용사 어근

그럼 호텔 룸 온도 <u>높여</u>줄게요. 〈신사의 품격 6회〉

那就<u>把</u>房間的溫度<u>調高</u>一下。

예문 (14-16)에서 '먹이다, 살리다, 높이다'의 주동사는 각 '먹다, 살다, 높다'이다. '먹다'는 타동사이고 '살다'는 자동사이고 '높다'는 형용사이다. 그의 각 사동사는 중국어 '把 – 灌醉', '把 – 救活', '把 – 調高'으로 번역해서 把사동과 대응되었다. 把사동은 다른 사동과 달리 한 가지 의미를 가지고 있다. 즉, '致使(-하게 하다/-시키다)'의 의미를 가진다. 또한 '把'사동의 서술어는 다른 사동의 서술어와 달리 단음절 동사가 아니라 복합 동사이다. 예문에서 보듯 '灌醉, 救活, 調高'와 같은 복합 동사들이다. 그래서 把사동의 문장은 두 상황이 하나로 합쳐져 나타났다. 이 두 상황은 '원인과 결과'의 관계를 지니고 있다. 예문 (14)에서는 '我灌他'와 '使他醉' 두 상황이고, 예문 (15)에서 '你救我'와 '使我活' 두 상황이고, 예문 (16)에서는 '我調溫度'와 '使溫度高' 두 상황이다. 따라서 把사동의 서술어 특성으로 자동사 어근의 접미사 사동과 잘 대응되는 현상이 있는 것을 추측할 수 있다.

4.2 격틀에 따른 접미사 사동과 중국어 사동의 대응 양상

앞에서 살펴보았듯이 讓사동은 '타동사 어근'의 접미사 사동과 많이 대응되고, 叫사동은 '자동사 어근'의 접미사 사동과 많이 대응되고, 給사동은 '타동사 어근'의 접미사 사동과 많이 대응되고, 把사동은 '자동사 어근'의 접미사 사동과 많이 대응되는 것을 밝혀냈다. 그리고 '타동사 어근'의 접미사 사동은 K2격틀로 많이 쓰이고, '자동사 어근'의 접미사 사동은 K1격틀로 많이 쓰인 것도 살펴봤다. 앞서 분석한 결과에 따라 讓사동과 給사동에서 K2격틀과 많이 대응하여 쓰이고, 叫사동과 把사동에서 K1격틀과 많이 대응하여 쓰이는 경향성이 나타나야 본 연구의 분석 결과는 정확성도 보이고 의미도 가질 수 있다. 이 추측 결과와 다음의 연구 분석 결과가 부합하는지 살펴보고자 한다.

4.2.1 격틀에 따른 접미사 사동과 讓사동의 대응 양상

병렬말뭉치에서 격틀에 따른 접미사 사동과 讓사동의 대응 양상은 다음과 같다.

〈표 3〉 격틀에 따른 접미사 사동과 讓사동의 대응 양상

격틀	타동사	자동사	형용사
K1	20	79	12
K2	89	1	0
K3	11	10	0
K4	0	3	0
합계	126	87	12

분석 결과에 의하면 '타동사 어근'의 접미사 사동의 K2(NP1이 NP2에게 NP3을 V)격틀은 讓사동과 많이 대응되는 것을 보인다. 이

는 앞에서 추측한 결과와 일치한다. 즉, 본 연구 분석의 정확성을 보여주었다. 더 자세히 살펴보면 '자동사 어근'의 접미사 사동의 K1(NP1이 NP2를 V)격틀은 讓사동과 대응되는 빈도가 비교적으로 높다. '자동사 어근'과 '타동사 어근'의 접미사 사동의 K3(NP1이 NP2에 NP3을 V)격틀은 모두 讓사동과 저빈도로 대응되었다. 그리고 '자동사 어근' 접미사 K4(NP1이 NP2를 NP3으로 V)격틀만 讓사동과 저빈도로 대응되었다. 이에 따라서 입말에서 讓사동과 대응되는 각 접미사의 격틀도 다르다는 것을 알 수 있다. 다음 대표적인 예를 살펴보겠다.

(17) K1격틀(NP1이 NP2를 V): 자동사 어근
　　 날 죽여라 죽여. 〈미안하다 사랑한다 7회〉
　　 幹脆讓我死了算了。

(18) K2격틀(NP1이 NP2에게 NP3을 V): 타동사 어근
　　 더 이상 아빠한테 겁쟁이 아들 보이기 싫다고요. 〈다섯 손가락
　　 제12회〉
　　 不想再讓爸看到膽小鬼兒子。

위의 예문 (17)의 격틀은 'K1(NP1이 NP2를 V)'이다. NP1은 '청자', NP2는 '나', V는 '죽이다'이며 이는 讓사동과 대응되었다. 예문 (18)의 격틀은 'K2(NP1이 NP2에게 NP3을 V)'인데 NP1은 표면적으로 나타나지 않지만 화자인 '나'이며 NP2는 '아빠', NP3은 '아들', V는 '보이다'이다. 이는 讓사동과 대응되었다.

4.2.2 격틀에 따른 접미사 사동과 叫사동의 대응 양상

병렬말뭉치에서 격틀에 따른 접미사 사동과 叫사동의 대응 양상
은 다음과 같다.

〈표 4〉 격틀에 따른 접미사 사동과 叫사동의 대응 양상

격틀	타동사	자동사
K1	2	9
K2	2	0
K3	1	0
합계	5	9

분석 결과에 따르면 K1, K2, K3격틀은 叫사동과 모두 저빈도로
대응되었다. 그중 '자동사 어근'의 접미사 사동의 격틀K1(NP1이
NP2를 V)은 叫사동과 비교적으로 많이 대응되는 것을 보인다. 이는
앞에서 추측한 결과와 일치한다. 대표적인 예문은 다음과 같다.

(19) K1격틀(NP1이 NP2를 V): 자동사 어근
　　 대체 내가 언제까지 아침마다 널 깨워 모셔야 하는 거니?
　　 〈달자의 봄 1회〉
　　 到底要我每天早上叫妳起床到什麼年紀?

위의 예문 (19)의 격틀은 'K1(NP1이 NP2를 V)'이다. NP1은 '나',
NP2는 '너', V는 '깨우다'이다. 이는 叫사동과 대응되었다.

4.2.3 격틀에 따른 접미사 사동과 給사동의 대응 양상

병렬말뭉치에서 격틀에 따른 접미사 사동과 給사동의 대응 양상은
다음과 같다.

〈표 5〉 격틀에 따른 접미사 사동과 給사동의 대응 양상

격틀	타동사	자동사
K1	0	2
K2	81	0
합계	81	2

분석 결과, '타동사 어근'의 접미사 사동의 격틀K2(NP1이 NP2
에게 NP3을 V)은 給사동과 비교적으로 많이 대응되는 것을 보인
다. 이는 앞에서 추측한 결과와 일치한다. 대표적인 예문은 다음과
같다.

(20) K2격틀(NP1이 NP2에게 NP3을 V): 타동사 어근
　　　그냥 빵 먹여요. 〈오마이레이디 4회〉
　　　那就給她吃面包。

예문 (20)의 격틀은 'K2(NP1이 NP2에게 NP3을 V)'이다. NP1은
'화자', NP2는 표면적으로 나타나지 않고 화자와 청자를 다 알고 있
는 대상이다. V는 '먹이다'이다. 이는 給사동과 대응되었다.

4.2.4 격틀에 따른 접미사 사동과 把사동의 대응 양상

병렬말뭉치에서 격틀에 따른 접미사 사동과 把사동의 대응 양상은 다음과 같다.

〈표 6〉 격틀에 따른 접미사 사동과 把사동의 대응 양상

격틀	타동사	자동사	형용사
K1	0	58	28
K2	1	0	0
K3	3	6	0
K4	0	8	0
합계	4	72	28

분석 결과에 의하면 '자동사 어근'의 접미사 사동의 격틀K1(NP1이 NP2를 V)은 把사동과 비교적으로 많이 대응되는 것을 보인다. 이는 앞에서 추측한 결과와 일치한다. 대표적인 예문은 다음과 같다.

(21) K1격틀(NP1이 NP2를 V): 자동사 어근

차라리 나를 죽이지 그랬어? 〈다섯 손가락 18회〉

你乾脆把我殺了吧?

위의 예문 (21)의 격틀은 'K1(NP1이 NP2를 V)'이다. NP1은 '청자', NP2는 '나', V는 '죽이다'이다. 이는 把사동과 대응되었다.

지금까지 드라마 말뭉치에서 어근과 격틀에 따른 접미사 사동과 중국어 사동의 대응 양상을 살펴본 결과를 정리하면 다음과 같다.

<표 7> 어근과 격틀에 따른 접미사 사동과 중국어 사동의 대응 양상

어근 유형	대응되는 격틀의 경향성	대응되는 중국어 사동의 경향성	
		유형	특성
타동사 어근	K2 (NP1이 NP2에게 NP3 V)	讓사동	致使(-하게 하다/-하도록 만들다)의미 강함
		給사동	'허락이나 허용' 의미 강함
자동사 어근	K1 (NP1이 NP2를 V)	叫사동	'명령' 의미 강함
		讓사동	'명령' 의미 강함
		把사동	복합 서술어(원인+결과)
형용사 어근	K1 (NP1이 NP2를 V)	把사동	복합 서술어(원인+결과)

분석 결과, 어근과 격틀에 따른 접미사 사동과 중국어 사동의 대응 경향성과 그 이유는 다음과 같다.

첫째, '타동사 어근'의 접미사 사동 K2격틀은 讓사동과 많이 대응되는 경향성이 있다. 이런 경향성이 나타난 이유는 타동사 어근의 접미사 사동에서 '타동사 어근'의 특성이기 때문에 K2격틀을 많이 사용하고 있다. 또한 讓사동은 '致使(-하게 하다/-하도록 만들다), 指使(지시하다)의미를 입말에서 많이 쓰이기 때문에 '타동사 어근'의 접미사 사동과 많이 대응되었다. 그래서 타동사 어근의 접미사 사동 K2격틀은 讓사동과 많이 대응되었다.

둘째, '자동사 어근'의 접미사 사동 K1격틀은 '叫사동, 讓사동'과 비교적으로 많이 대응되는 것을 보인다. 이런 경향성이 나타난 이유는 자동사 어근의 접미사 사동에서 '자동사 어근'의 특성이기 때문에 K1격틀을 많이 사용하고 있다. 또한 叫사동과 讓사동은 '명령' 의미를 입말에서 많이 쓰이기 때문에 '자동사 어근'의 접미사 사동과 많이 대응되었다. 그래서 자동사 어근의 접미사 사동 K1격틀은 '叫사동, 讓사동'과 많이 대응되었다.

셋째, '타동사 어근'의 접미사 사동 K2격틀은 給사동과 많이 대응되는 현상을 보인다. 이런 경향성이 나타난 이유는 타동사 어근의 접미사 사동에서 '타동사 어근'의 특성이기 때문에 K2격틀을 많이 사용하고 있다. 또한 給사동은 '허락이나 허용' 의미를 입말에서 많이 쓰이기 때문에 '타동사 어근'의 접미사 사동과 많이 대응되었다. 그래서 타동사 어근의 접미사 사동 K2격틀은 給사동과 많이 대응되었다.

넷째, '자동사 어근, 형용사 어근'의 접미사 사동 K1격틀은 把사동과 많이 대응되는 경향성이 나타났다. 이런 경향성이 나타난 이유는 자동사 어근의 접미사 사동에서 '자동사 어근, 형용사 어근'의 특성이기 때문에 K1격틀을 많이 사용하고 있다. 또한 把사동은 다른 사동의 서술어와 달리 단음절 동사가 아니라 '원인과 결과' 의미를 가진 복합 서술어이기 때문에 '자동사 어근, 형용사'의 접미사 사동과 많이 대응되었다. 그래서 '자동사 어근, 형용사 어근'의 접미사 사동 K1격틀은 把사동과 많이 대응되었다.

5. 맺음말

본 연구는 드라마 병렬말뭉치를 분석하여 한국어 접미사 사동과 중국어 사동의 다양한 대응 양상을 밝히고 경향성을 파악하였다. 특히 왜 이런 경향성이 있는지 그 이유를 해석하였다. 우선 본 연구에서 접미사 사동의 어근은 자동사인지, 타동사인지, 형용사인지에 따라 어떤 격틀을 가지고 있는지 살펴봤다. 또한 접미사 사동의 어근에 따라 그의 대응되는 중국어 사동도 다르다는 것을 밝혔다. 이에 접미사 사동의 어근과 중국어 '讓사동, 叫사동, 給사동'의 의미와 밀접한 관계가 있다. 예를 들면 같은 讓사동인데 그의 사용 의미가 다르다면 그와 대응되는 한국어 접미사 사동의 어근도 다르고 격틀도 다르다는 것을 밝혔다. 즉, '致使(-하게 하다/-하도록 만들다), 指使(지시하다)'의미를 가진 讓사동은 타동사 어근의 접미사 사동과 K2격틀의 접미사 사동과 잘 대응되는 현상이 있다. '명령'의미를 가진 讓사동은 자동사 어근 접미사과 K1격틀의 접미사 사동과 잘 대응되는 것을 보인다. 그리고 '把사동'은 다른 사동과 달리 의미보다 그의 서술어의 특성과 관계가 있다. 즉, 단음절 동사가 아니라 '원인과 결과' 의미를 가진 복합 서술어이기 때문에 '자동사 어근, 형용사 어근'의 접미사 사동과 많이 대응되었다. 이상으로 연구 결과에 따라 중국어 사동과 많이 대응되는 접미사 사동의 어근 유형에 따라 어떤 격틀과 많이 쓰이는 것을 알 수 있다는 것을 밝혔다.

이와 같은 연구의 결과는 일상생활에서 중국인 한국어 학습자에게 형태는 같은 피사동 접미사를 격틀로 구별할 때 도움이 될 뿐만 아니라 복잡한 접미사 사동을 중국어로 번역하거나 의사소통할 때도 도움이 될 것으로 보는 바이다. 한편, 본 연구의 한계는 입말인 드라마 병렬말뭉치를 분석하였다는 것이며, 향후 글말인 신문 병렬말뭉치도 같이 분석하면 연구 결과가 더욱 체계화될 것으로 생각된다.[3]

---

3) 이 글은 『언어와 문화』 13권4호, 141~162쪽에 실린 글을 수정·보완한 것임.

제6장

한국어 사동 표현과 중국어 무표지 어휘 사동의 대응 양상 연구

1. 머리말

본 연구는 신문과 드라마 병렬말뭉치에서 한국어 사동 표현과 중국어 무표지 어휘 사동의 대응 양상 및 특징을 밝히는 데 목적을 둔다. 한국어 사동 표현은 중국어 유표지 사동보다 무표지 사동과 더 많이 대응되는 현상이 있다. 특히 그중 중국어 무표지 어휘 사동과 가장 많이 대응되었다. 다시 말하면 일상생활에서 한국어 사동 표현을 중국어 무표지 어휘 사동으로 번역하여 쓰는 경우가 더 많다는 뜻이다. 그래서 한국어 사동 표현과 중국어 무표지 어휘 사동 간에 어떤 대응 양상이 있는지, 또한 글말과 입말에서 그들 간에 대응 양상의 차이점은 무엇인지 밝히는 것이 필요하다. 그러나 기존 연구에서 이와 관련한 연구가 드물다. 이유를 추측해 보자면 중국어 무표지 어휘 사동은 표지가 없다는 점에서 연구하기가 쉽지 않다는 데 있다고 생각한다. 이문화(2016)에서 한국어 사동 표현은 대응되는 중국어 무표지 사동 중 '어휘 사동'과 대응되는 빈도를 뚜렷하게 보여주었다. 그러나 '어휘 사동'의 세 가지 유형 간의 대응 양상을 밝히지 않았다. 그러므로 이를 바탕으로 중국인 한국어 학습자나 한국인 중국어 학습자를 위해 더 깊이 전면적으로 연구 분석하여 실용적인 연구 결과를 도출할 필요가 있다. 그래서 기존 연구를 보완하기 위하여 본 연구에서는 한국어 사동 표현과 중국어 무표지 어휘 사동 표현 간의 대응 관계를 확인하고자 한다. 또 글말과 입말의 언어 표현이 다르기 때문에 신문과 드라마 병렬말뭉치에서 한국의 사동 표현과 중국어 무표지 어휘 사동의 대응 양상의 상이점도 밝혀야 한다. 즉 한국어 제1사동, 제2사동, 제3사동은 각 중국어 어떤 무표지 어휘 사동 표현으로 나타나는지, 글말과 입말에서도 어떤 대응 차이가 있는지 살펴봐야 한다.

이에 본 연구에서는 약 170만 어절의 글말 자료인 신문 병렬말뭉치와 입말 자료인 드라마 병렬말뭉치에서 나타난 한국어 사동 표현 8,191회를 분석하였다.[1] 그중 896개 한국어 사동 표현은 중국어 무표지 어휘 사동과 대응되었다. 이를 대상으로 한국어 각각 사동 표현과 중국어 무표지 어휘 사동의 대응 관계를 분석하겠다. 그리고 글말과 입말에서 한국어 사동 표현을 중국어 무표지 어휘 사동으로 번역할 때의 대응 양상의 차이점도 확인하고 경향성도 파악하고자 한다. 특히 각각의 대응 양상이 나타나는 원인도 해석해 보겠다.

---

1) 본 연구에서 쓰인 신문과 드라마 병렬말뭉치와 연구 방법은 이문화(2016)과 같다.

2. 한국어 사동 표현과 중국어 무표지 어휘 사동의 유형

먼저 한국어 사동 표현을 정리하겠다. 최현배(1937/1961)에서는 한국어의 사동을 '-이-', '-히-', '-리-', '-기-', '-우-', '-추-', '-구-', '-애-(없애)'의 접미사 사동, '-시키다'로 만든 사동, 그리고 '-게 하다' 사동으로 분류하였으며 각각을 첫째, 두째(둘째), 세째(셋째) 사동으로 이름 짓고 각각의 특징에 대해 기술한다고 하였다. 이에 따라 이문화(2016)에서는 한국어 사동 표현의 제1사동, 제2사동, 제3사동에 대해 정리한 바가 있다. 본 연구는 이문화(2016)에서 제시한 한국어 사동 표현을 기준으로 연구를 진행하고자 한다.

다음으로 중국어 무표지 어휘 사동 표현을 살펴본다. 중국어 '무표지' 사동은 '겸어사동', '得사동', '어휘 사동' 등이 있다. '어휘 사동'의 경우는 어휘적 사동법을 사용하여 실현시키는 것이다. 樸美貞(2002)에서는 어휘 사동을 3가지로 분류한다고 하였다. 즉, '兼類詞'로 만든 사동법, '放/加/弄+형용사/동사'로 만든 복합동사의 사동법, '동사+결과보어' 구조의 복합동사의 사동법이다. 그중 '兼類詞'라는 것은 한 어휘가 형태 변화 없이 주동문의 술어를 이루는 자동사(혹은 형용사)와 사동문의 술어를 이루는 사동사 역할을 겸하는 경우를 말한다. 일반적인 경우에는 자동사나 형용사로 기능하며 목적어가 올 수 없어 사동 의미가 없지만 목적어를 가지는 경우에 한하여 사동 의미가 나타나는 것이다. 이를 객관적으로 판단하기 힘들기 때문에 기존 연구들에서는 대부분 譚景春(1997)이 제시한 '兼類詞' 목록을 따르고 있다.[2) 본 연구는 樸美貞(2002)에서는 제시한 중국어 무표지

---

2) 譚景春(1997)에서 제시한 '兼類詞'의 목록은 다음과 같다.
  첫째, 자동사와 겸류인 사동사는 '暴露, 變, 沉, 動搖, 凍, 鬥, 斷, 斷絶, 惡化,

어휘 사동의 기준으로 연구하겠다.

이상으로 본 연구에서는 다음과 같은 한국어 사동 표현과 중국어 무표지 어휘 사동의 유형으로 연구를 진행하겠다.

〈표 1〉 한국어 사동 표현과 중국어 무표지 어휘 사동의 유형

한국어 사동 표현		중국어 무표지 어휘 사동
제1사동	-이-	'兼類詞' 사동 '放/加/弄+형용사/동사' 복합동사 사동 '동사+결과보어'복합동사 사동
	-히-	
	-리-	
	-기-	
	-우-	
	-추-	
	-구-	
	-애-	
제2사동	-시키다	
제3사동	-게 하다	
	-게 만들다	
	-도록 하다	
	-도록 만들다	

發, 發揮, 發展, 翻, 分裂, 分散, 腐化, 改變, 改善, 改進, 骨碌, 滾, 化, 轟動, 緩和, 緩解, 渙散, 荒, 荒廢, 荒疏, 晃, 恢復, 活動, 集合, 加強, 加重, 減輕, 減少, 降低, 降, 結束, 解散, 捲, 聚集, 開, 開展, 虧, 擴大, 擴充, 立, 落, 麻痹, 迷惑, 滅, 滅亡, 平息, 平定, 氣, 軟化, 折, 實現, 縮小, 疏散, 提高, 停, 停止, 通, 統一, 退, 瓦解, 彎, 熄, 響, 消, 搖, 搖晃, 搖動, 轉, 增加, 增強, 振作' 등이다. 둘째, 형용사와 겸류인 사동사는 '安定, 便利, 充實, 饞, 純潔, 端正, 惡心, 餓, 發達, 煩, 煩惱, 繁榮, 方便, 肥, 豐富, 富裕, 感動, 鞏固, 孤立, 固定, 規範, 寒磣, 壞, 活躍, 集中, 堅定, 堅強, 健全, 繁, 開闊, 渴, 空, 苦, 寬, 累, 涼, 麻煩, 滿, 滿足, 密切, 勉強, 明確, 模糊, 暖, 暖和, 便宜, 平, 平定, 平整, 普及, 清醒, 熱, 濕潤, 濕, 松, 疏松, 爲難, 委屈, 溫, 溫暖, 穩定, 穩固, 嚴格, 勻, 嚴肅, 冤枉, 振奮, 鎮定, 正, 壯, 壯大, 滋潤' 등이다.

170

3. 신문 병렬말뭉치에서 한국어 사동 표현과 중국어 무표지 어휘 사동의 대응 양상

이문화(2016)의 분석 결과에 따르면 신문 병렬말뭉치에서 한국어 '제1사동', '제2사동', '제3사동'은 각 731회, 137회, 17회 출현하였다. 이를 바탕으로 하여 더 나아가 각 한국어 사동 표현이 중국어 무표지 어휘 사동과 어떻게 대응되는지 다음과 같이 살펴보기로 한다.

3.1 제1사동과 중국어 무표지 어휘 사동의 대응 양상

신문 병렬말뭉치에서 제1사동에 대응되는 중국어 무표지 어휘 사동이 총 731회로 나타났다. 다음 예를 통하여 살펴보기로 한다.

(1) ㄱ. '兼類詞' 사동

한 달에 두 번 정도 하던 가족 외식도 반으로 **줄였다**. 대신 주말에 대형마트에 들러 외식 기분을 낼 수 있는 재료들을 사서 집에서 요리해 먹는다. 〈중앙일보 경제〉

家庭每月下兩次館子的約定也**減少**了一半，相反，周末會去大型超市購買一些可以釋放下館子心情的材料在家裏做飯。

ㄴ. '放/加/弄+형용사/동사' 복합동사 사동

투자도 **늘리**고 대학 구성원의 노력을 유도했다. 〈중앙일보 유학〉

他們**加大**了投資力度，激發教職員工的迎評熱情。

ㄷ. '동사+결과보어' 복합동사 사동

교수협의회가 갑자기 비상총회를 소집했는데도 220여명의 교수가 강의실을 가득 **메웠다**. 〈중앙일보 유학〉

雖然是教授協會緊急召開的本次全體會議, 但會議室
裏仍然<u>坐滿</u>了220多名教授。

예문 (1ㄱ-ㄷ)은 각각의 제1사동에 대응되는 중국어 '兼類詞' 사
동, '放/加/弄+형용사/동사' 복합동사 사동, '동사+결과보어' 복합동
사 사동의 예문들이다. 예문 (1ㄱ)에서 '줄이다'는 중국어 '減少'로
번역되었다. '減少'는 譚景春(1997)에서 제시한 '兼類詞'의 목록에
속한다. 예문 (1ㄴ)에서 '늘리다'는 중국어의 '加大'에 대응 번역되었
다. '加大' 중에 '大'는 형용사이다. 그래서 '加大'는 '加+大(형용
사)'로 만든 복합동사 사동이다. 예문 (1ㄷ)에서 '메우다'는 중국어의
'坐滿'로 번역되었다. '坐'는 동사이고 '滿'는 결과보어이다. 그래서
'坐滿'는 '동사+결과보어' 복합동사 사동이다.
　이처럼 말뭉치에 나타난 제1사동에 대응되는 중국어 무표지 어휘
사동의 양상에 대해 분석한 결과는 〈그림 1〉과 같다.

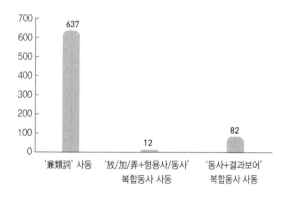

〈그림 1〉 신문 병렬말뭉치에 나타난 제1사동과 중국어 무표지 어휘 사동의 대응 양상

172

분석 결과에 의하면 제1사동은 '兼類詞' 사동, '放/加/弄+형용사/동사' 복합동사 사동, '동사+결과보어' 복합동사 사동과 대응되었으며 각각의 대응되는 양상은 사뭇 다르다. 그들 간에 대응되는 빈도순으로 '兼類詞' 사동, '동사+결과보어' 복합동사 사동, '放/加/弄+형용사/동사' 복합동사 사동이다. 그중 제1사동은 '兼類詞' 사동과 많이 대응되는 경향이 있는 반면 '동사+결과보어' 복합동사 사동, '放/加/弄+형용사/동사' 복합동사 사동과 대응 되는 빈도가 낮다. 왜 이런 대응 현상이 나타나는지에 대해 해석해 보면 한국어의 제1사동은 강한 '어휘적 사동'의 특징을 가지고 '兼類詞' 사동도 어휘 사동이기 때문인 것으로 보인다. 그래서 제1사동은 '兼類詞' 사동과 뚜렷하게 대응되는 현상이 나타났다.

3.2 제2사동과 중국어 무표지 어휘 사동의 대응 양상

신문 병렬말뭉치에서 제2사동에 대응되는 중국어 무표지 어휘 사동이 총 137회로 나타났다. 다음 예를 통하여 살펴보기로 한다.

(2) ㄱ. '兼類詞' 사동
   세계경제가 어려운 지금 안정적 식량 시장을 구축해 가격을 <u>안정시켜</u>야 할 필요성이 커지고 있다. 〈중앙일보 뉴스〉
   在世界經濟困難的現在，構建安定的糧食市場從而<u>穩定</u>價 格的必要性日益增大。

ㄴ. '放/加/弄+형용사/동사' 복합동사 사동
   65세 정년에 퇴임할 때까지 해마다 호봉이 오르는 정교수 비율이 늘어나는 것도 대학 재정 압박을 <u>가중시키</u>고

있다. 〈중앙일보 유학〉

直到65歲退休之前每年級別工資增加的正職教授比
例不斷 上升這一狀況也**加重**了大學財政壓力。

ㄷ. '동사+결과보어' 복합동사 사동
방송사에 집을 <u>노출시키</u>는 바람에 신변 위협도 느꼈다고
도 했다. 〈조선일보 뉴스〉
她說, 因爲電視台**曝光**了自己的住所, 感覺人身安全受
到了威脅。

예문 (2ㄱ-ㄷ)은 각각의 제2사동에 대응되는 중국어 '兼類詞' 사
동, '放/加/弄+형용사/동사' 복합동사 사동, '동사+결과보어' 복합동
사 사동의 예문이다. 예문 (2ㄱ)에서 '안정시키다'는 중국어 '穩定'로
번역되었다. '穩定'는 譚景春(1997)에서 제시한 '兼類詞'의 목록에
속한다. 예문 (2ㄴ)에서 '가중시키다'는 중국어의 '加重'에 대응 번역
되었다. '加重' 중에 '重'는 형용사이다. 그래서 '加重' 는 '加+重(형
용사)'로 만든 복합동사 사동이다. 예문 (2ㄷ)에서 '노출시키다'는 중
국어의 '曝光'로 번역되었다. '曝'는 동사이고 '光'는 결과보어이다.
그래서 '曝光'는 '동사+결과보어' 복합동사 사동이다.

이처럼 말뭉치에 나타난 제2사동에 대응되는 중국어 무표지 어휘
사동의 양상에 대해 분석한 결과는 〈그림 2〉와 같다.

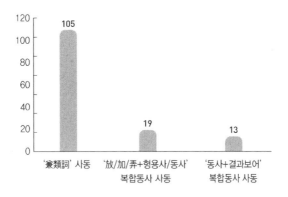

〈그림 2〉 신문 병렬말뭉치에 나타난 제2사동과 중국어 무표지 어휘 사동의 대응 양상

　분석 결과에 따르면 제2사동은 '兼類詞' 사동, '放/加/弄+형용사/동사' 복합동사 사동, '동사+결과보어' 복합동사 사동과 대응되었으며 각각의 대응되는 양상의 차이도 보인다. 그들 간에 대응되는 빈도는 순서대로 '兼類詞' 사동, '放/加/弄+형용사/동사' 복합동사 사동, '동사+결과보어' 복합동사 사동이다. 그중 제2사동은 '兼類詞' 사동과 대응되는 빈도가 뚜렷하게 높게 나타났다. 하지만 '동사+결과보어' 복합동사 사동, '放/加/弄+형용사/동사' 복합동사 사동과는 대응되는 빈도가 비슷하게 낮게 나타났다. 이와 같은 대응 현상이 나타나는 원인을 해석해 보면 한국어의 제2사동이 강한 '어휘적 사동'의 특징을 가지고 '兼類詞' 사동 또한 어휘 사동이기 때문에 그들 간에 서로 많이 대응되는 현상이 나타난 것으로 보인다. 다시 말하면 '어휘적 사동' 의미가 강한 제2사동과 '兼類詞' 사동은 글말과 같은 문자 자료에서 더 많이 대응되어 쓰이는 것으로 추측할 수 있다.

3.3 제3사동과 중국어 무표지 어휘 사동의 대응 양상

신문 병렬말뭉치에서 제3사동에 대응되는 중국어 무표지 어휘 사동이 총 17회로 나타났다. 다음 예를 통하여 살펴보기로 한다.

(3) ㄱ. '兼類詞' 사동

그는 "우리가 당신들의 땅을 밀어붙여 <u>작게 만들고</u> 우리들의 땅이 커진 것에 대해 조상을 대신해서 당신들에게 사과해야 한다"고도 했다. 〈중앙일보 뉴스〉

周總理還說道 : "對於我們將你們的土地<u>縮小</u>、我們的土地擴大, 我應該代替祖先向你們道歉。

ㄴ. '放/加/弄+형용사/동사' 복합동사 사동

조광래 경남FC 감독은 "상대의 압박 수비를 뚫기 위해선 우리 팀의 특기인 짧고 정확한 패스를 반(半)템포 <u>빠르게 해</u>야 한다"며 "염기훈·박주영·이청용등 빠른 선수들이 많아 우루과이 수비진을 흔들 수있을 것"이라고 내다봤다. 〈조선일보 체육〉

慶南隊教練趙廣來表示 : "爲了突破對手防線, 應將我們所擅長的准確的短距離傳球<u>加快</u>半個節奏。我們有廉基勳、樸主永、李菁龍等很多速度快的球員, 因此能夠動搖烏拉圭隊的防線。"

ㄷ. '동사+결과보어' 복합동사 사동

남자 100kg 이하급의 황희태가 일본 유도의 자존심다카마사 아나이를 누르고 우승하는 등 첫날부터 일본의 콧대를 <u>납작하게 만들었다.</u> 〈중앙일보 스포츠〉

在男子100公斤以下級比賽中, 韓國選手潢憘太挫敗

日本柔道自尊太穴井籠將，獲得了冠軍等，從首天賽
日開始就<u>壓倒</u>了日本的士氣。

　예문 (3ㄱ-ㄷ)은 각각의 제3사동에 대응되는 중국어 '兼類詞' 사
동, '放/加/弄+형용사/동사' 복합동사 사동, '동사+결과보어' 복합동
사의 예문들이다. 예문 (3ㄱ)에서 '작게 만들다'는 중국어 '縮小'로
표현되었다. '縮小'는 譚景春(1997)에서 제시한 '兼類詞'의 목록에
속한다. 예문 (3ㄴ)에서 '빠르게 하다'는 중국어의 '加快'에 대응 번
역되었다. '加快' 중에 '快'는 형용사이다. 그래서 '加快'는 '加+快
(형용사)'로 만든 복합동사 사동이다. 예문 (3ㄷ)에서 '납작하게 만들
다'는 중국어의 '壓倒'로 번역되었다. '壓'는 동사이고 '倒'는 결과보
어이다. 그래서 '壓倒'는 '동사+결과보어' 복합동사 사동이다.
　이처럼 말뭉치에 나타난 제3사동에 대응되는 중국어 무표지 어휘
사동의 양상에 대해 분석한 결과는 다음과 같다.

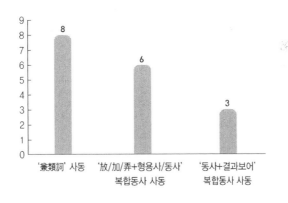

〈그림 3〉 신문 병렬말뭉치에 제3사동과 중국어 무표지 어휘 사동의 대응 양상

분석 결과, 제3사동은 '兼類詞' 사동, '放/加/弄+형용사/동사' 복합동사 사동, '동사+결과보어' 복합동사 사동과 모두 저빈도로 대응되었다. 이런 현상을 해석해 보면 바로 제3사동은 통사적인 사동이기 때문에 중국어 무표지 어휘 사동과 잘 대응되지 않는다는 것을 추측할 수 있다. 다시 말하면 글말에서 제3사동은 각 중국어 무표지 어휘 사동과 잘 대응되지 않아 쓰이지 않는다는 뜻이다.

지금까지 약 83만 어절인 신문 병렬말뭉치에서 한국어 사동 표현과 중국어 무표지 어휘 사동의 대응 양상에 대해 구체적으로 살펴봤다. 이에 대해 간단하게 정리하면 다음과 같다.

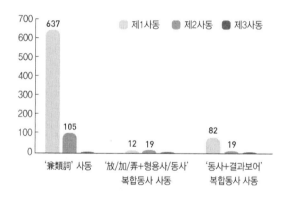

〈그림 4〉 신문 병렬말뭉치에 나타나 한국어 사동 표현과
중국어 무표지 어휘 사동의 대응양상

위 그림을 보듯이 제1사동, 제2사동, 제3사동은 각 대응되는 중국어 무표지 어휘 사동의 양상이 뚜렷하게 나타났다. 제1사동은 중국어 '兼類詞' 사동과 대응되는 빈도가 제일 높게 나타났다. 이를 통하여 신문과 같은 문자로 표현하는 글말에서는 한국어 제1사동이 주로 중국어 '兼類詞' 사동과 많이 대응하며 쓰이는 경향이 있는 것을 알

수 있다. 즉, 실생활에서 제1사동을 중국어 '兼類詞' 사동으로 많이 번역해서 사용하는 경우가 많다는 뜻이다.

4. 드라마 병렬말뭉치에서 한국어 사동 표현과 중국어 무표지 어휘 사동의 대응 양상

이문화(2016)의 분석 결과에 의하면 드라마 병렬말뭉치에서 한국어 '제1사동', '제2사동', '제3사동'은 각 468회, 35회, 32회로 나타났다. 이를 바탕으로 하여 각 한국어 사동 표현이 중국어 무표지 어휘 사동과 어떻게 대응되는지 다음과 같이 살펴보기로 한다.

4.1 제1사동과 중국어 무표지 어휘 사동의 대응 양상

드라마 병렬말뭉치에서 제1사동에 대응되는 중국어 무표지 어휘 사동이 총 468회로 나타났다. 다음 예를 통하여 살펴보기로 한다.

(4) ㄱ. '兼類詞' 사동
      괜찮으면 약을 좀 **줄여**볼까 하는데. 〈시그릿가든 1회〉
      可以的話想**減少**藥量。

   ㄴ. '放/加/弄+형용사/동사' 복합동사 사동
      목소리 **낮춰**. 〈다섯 손가락 제19회〉
      放低聲音。

   ㄷ. '동사+결과보어' 복합동사 사동
      윤이 내가 **살려**줄게. 〈미안하다 사랑한다 11회〉
      小允我可以**救活**他。

예문 (4ㄱ-ㄷ)은 각각의 제1사동에 대응되는 중국어 '兼類詞' 사동, '放/加/弄+형용사/동사' 복합동사 사동, '동사+결과보어' 복합동사 사동의 예문이다. 예문 (4ㄱ)에서 '줄이다'는 중국어 '減少'로 번역되었다. '減少'는 譚景春(1997)에서 제시한 '兼類詞'의 목록에 속한다. 예문 (4ㄴ)에서 '낮추다'는 중국어의 '放低'에 대응 번역되었다. '放低' 중에 '低'는 형용사이다. 그래서 '放低'는 '放+低(형용사)'로 만든 복합동사 사동이다. 예문 (4ㄷ)에서 '살리다'는 중국어의 '救活'로 번역되었다. '救'는 동사이고 '活'는 결과보어이다. 그래서 '救活'는 '동사+결과보어' 복합동사 사동이다.

이처럼 드라마 말뭉치에 나타난 제1사동에 대응되는 중국어 무표지 어휘 사동의 양상에 대해 분석한 결과는 다음과 같다.

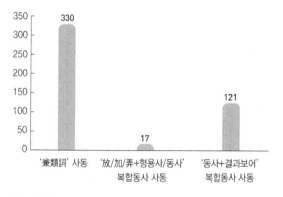

〈그림 5〉 드라마 병렬말뭉치에 나타난 제1사동과 중국어 무표지 어휘 사동의 대응 양상

분석 결과에 의하면 제1사동은 '兼類詞' 사동, '放/加/弄+형용사/동사' 복합동사 사동, '동사+결과보어' 복합동사 사동과 대응되었으며 각각의 대응되는 양상은 다르게 나타났다. 그들 간에 대응되는 빈도는 순서대로 '兼類詞' 사동, '동사+결과보어' 복합동사 사동, '放

/加/弄+형용사/동사' 복합동사 사동이다. 그중 제1사동은 '兼類詞' 사동과 많이 대응되는 경향이 있는 반면 '동사+결과보어' 복합동사 사동, '放/加/弄+형용사/동사' 복합동사 사동과 대응되는 빈도가 낮다. 왜 이런 대응 현상이 나타나는지에 대해 해석해 보면 한국어의 제1사동이 강한 '어휘적 사동'의 특징을 가지고 '兼類詞' 사동도 어휘 사동이기 때문인 것으로 보인다. 그래서 제1사동은 '兼類詞' 사동과 뚜렷하게 대응되는 양상이 나타났다.

4.2 제2사동과 중국어 무표지 어휘 사동의 대응 양상

드라마 병렬말뭉치에서 제2사동에 대응되는 중국어 무표지 어휘 사동이 총 35회로 나타났다. 다음 예를 통하여 살펴보기로 한다.

(5) ㄱ. '兼類詞' 사동
      마지막 미션은 자신의 엄마를 <u>감동시키</u>는 연주를 하라.
      〈다섯 손가락 제12회〉
      最後一個任務是演奏出**感動**你們媽媽的因音樂。

   ㄴ. '동사+결과보어' 복합동사 사동
      아 됐어. 쟤 <u>**기절시킬**</u> 일 있어? 〈꽃보다 남자 3회〉
      好了，你想<u>**嚇死**</u>她啊。

예문 (5ㄱ-ㄴ)은 각각의 제2사동에 대응되는 중국어 '兼類詞' 사동, '동사+결과보어' 복합동사 사동의 예문이다. 예문 (5ㄱ)에서 '감동시키다'는 중국어 '感動'로 번역되었다. '感動'는 譚景春(1997)에서 제시한 '兼類詞'의 목록에 속한다. 예문 (5ㄴ)에서 '기절시키다'는 중국어의 '嚇死'로 번역되었다. '嚇'는 동사이고 '死'는 결과보어이다. 그래서 '嚇死'는 '동사+결과보어' 복합동사 사동이다.

이처럼 드라마 말뭉치에 나타난 제2사동에 대응되는 중국어 무표지 어휘 사동의 양상에 대해 분석한 결과는 다음과 같다.

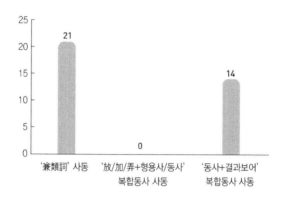

〈그림 6〉 드라마 병렬말뭉치에 나타난 제2사동과 중국어 무표지 어휘 사동의 대응 양상

분석 결과에 따르면 제2사동은 '兼類詞' 사동, '동사+결과보어' 복합동사 사동과만 대응되었고 그들 간에 대응되는 빈도가 높지 않다는 것을 볼 수 있다. 따라서 입말에서 한국어 제2사동은 중국어 무표지 어휘 사동과 잘 대응되지 않는 현상을 보인다. 즉, 일상생활에서 입말로 의사소통할 때 그들이 잘 대응되지 않으므로 많이 사용하지 않는다는 것을 추측할 수 있다.

4.3 제3사동과 중국어 어휘 사동의 대응 양상

드라마 병렬말뭉치에서 제3사동에 대응되는 중국어 무표지 어휘 사동이 총 32회로 나타났다. 다음 예를 통하여 살펴보기로 한다.

(6) ㄱ. '兼類詞' 사동

더 이상 <u>귀찮게 하지</u> 말라고. 〈오마이레이디 10회〉

不要再<u>煩</u>我了。

ㄴ. '동사+결과보어' 복합동사 사동

우리 언니 <u>죽게 만든</u> 사람, 김 기장이야? 〈부탁해요 캡틴 18회〉

<u>害死</u>我姐姐的人就是金機長你嗎?

예문 (6ㄱ-ㄴ)은 각각의 제3사동에 대응되는 중국어 '兼類詞' 사동, '동사+결과보어' 복합동사 사동의 예문이다. 예문 (6ㄱ)에서 '귀찮게 하다'는 중국어 '煩'로 표현되었다. '煩'는 譚景春(1997)에서 제시한 '兼類詞'의 목록에 속한다. 예문 (6ㄴ)에서 '죽게 만들다'는 중국어의 '害死'로 번역되었다. '害'는 동사이고 '死'는 결과보어이다. 그래서 '害死'는 '동사+결과보어' 복합동사 사동이다.

이처럼 드라마 병렬말뭉치에 나타난 제3사동에 대응되는 중국어 무표지 어휘 사동의 양상에 대해 분석한 결과는 다음과 같다.

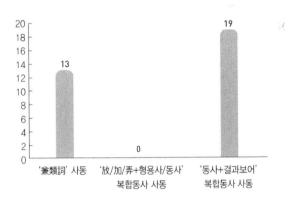

〈그림 7〉 드라마 병렬말뭉치에 나타난 제3사동과 중국어 무표지 어휘 사동의 대응 양상

분석 결과, 제3사동은 '兼類詞' 사동, '동사+결과보어' 복합동사 사동과만 대응되었고 빈도 또한 낮다. 따라서 입말에서 한국어 제3사동은 중국어 무표지 어휘 사동과 잘 대응되지 않는 현상을 보인다. 즉, 일상생활에서 입말로 의사소통할 때 그들이 잘 대응되지 않아 많이 사용하지 않는다는 것을 추측할 수 있다.

지금까지 약 83만 어절인 드라마 병렬말뭉치에서 한국어 사동 표현과 중국어 무표지 어휘 사동의 대응 양상에 대해 구체적으로 살펴보았다. 이에 대해 간단하게 정리하면 다음과 같다.

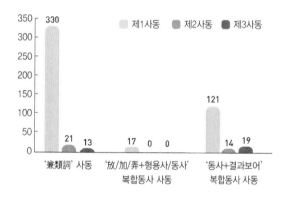

〈그림 8〉 드라마 병렬말뭉치에 나타난 한국어 사동 표현과
중국어 무표지 어휘 사동의 대응양상

위 그림을 보듯이 제1사동, 제2사동, 제3사동은 각 대응되는 중국어 무표지 어휘 사동의 양상 차이가 뚜렷하게 나타났다. 제1사동은 중국어 '兼類詞' 사동, '동사+결과보어' 복합동사 사동, '放/加/弄+형용사/동사' 복합동사 사동과 모두 대응되었다. 하지만 제2사동, 제3사동은 중국어 '兼類詞' 사동, '동사+결과보어' 복합동사 사동과만 저빈도로 대응되었다. 제1사동은 중국어 '兼類詞' 사동과 고빈도로 대응되는

현상이 나타났다. 즉, 입말에서 한국어 사동 표현 중 제1사동은 중국어 '兼類詞' 사동과 잘 대응되어 쓰이는 것을 추측할 수 있다.

5. 신문과 드라마 병렬말뭉치에서의 분석 결과 함의

　본 장에서는 3장과 4장의 논의를 바탕으로 신문과 드라마 병렬말뭉치에서 각각의 한국어 사동 표현에 대응되는 중국어 무표지 어휘 사동의 양상을 밝히고자 한다. 각각 글말과 입말의 대응 양상 간에 어떠한 차이가 있는지에 대해 구체적으로 다음 절에서 살펴보고자 한다.

　말뭉치에서 각각의 한국어 사동 표현과 중국어 무표지 어휘 사동의 대응 양상에 대해 살펴본 결과는 다음과 같다.

〈표 2〉 한국어 사동 표현에 대응되는 중국어 무표지 어휘 사동의 빈도 비율

말뭉치		'兼類詞' 사동		'放/加/弄+형용사/동사' 복합동사 사동		'동사+결과보어'복합동사 사동		합계	
제1 사동	신문	637	87%	12	2%	82	17%	837	100%
	드라마	330	70%	17	4%	121	26%	568	100%
제2 사동	신문	105	77%	19	14%	13	9%	237	100%
	드라마	21	60%	0	0%	14	40%	135	100%
제3 사동	신문	8	47%	6	35%	3	18%	17	100%
	드라마	13	41%	0	0%	19	59%	32	100%
합계		967	81%	29	2%	203	17%	1,405	100%

분석 결과에 의하면 신문과 드라마 병렬말뭉치에서 각각의 한국어 사동 표현과 대응되는 중국어 무표지 어휘 사동의 양상이 다르게 나타났다. 이에 대해 다음 구체적으로 밝히고자 한다.

첫째, 제1사동에 대응되는 중국어 무표지 어휘 사동의 빈도 비율을 보면 제1사동은 입말보다 글말에서 중국어 무표지 어휘 사동과 많이 대응되는 경향이 보인다. 하지만 글말보다 입말에서 제1사동은 중국어 '동사+결과보어' 복합동사 사동과 많이 대응되는 추세가 나타났다.

둘째, 제2사동에 대응되는 중국어 무표지 어휘 사동의 빈도 비율을 보면 제2사동은 입말보다 글말에서 중국어 무표지 어휘 사동과 많이 대응되는 경향이 나타났다. 또, 드라마에서는 제2사동은 '放/加/弄+형용사/동사' 복합동사 사동과 잘 대응되지 않는 현상이 출현하였다.

셋째, 제3사동에 대응되는 중국어 무표지 어휘 사동의 빈도 비율을 보면 제3사동은 글말이나 입말에서 중국어 무표지 어휘 사동과 대응되는 빈도가 모두 낮게 나타났다. 하지만 글말보다 입말에서 그들 간에 대응되는 빈도가 비교적으로 높은 편이다. 단지 입말에서는 제3사동은 '放/加/弄+형용사/동사' 복합동사 사동과 잘 대응되지 않는 현상이 나타났다.

넷째, 신문이나 드라마에서 한국어 사동 표현 중 제1사동은 중국어 '兼類詞' 사동과 많이 대응되는 경향을 보인다. 이런 경향이 나타난 이유는, 한국어 제1사동이 어휘 사동이고 중국어 '兼類詞' 사동도 어휘 사동이기 때문에 그들 간에 많이 대응되는 현상이 나타났다고 볼 수 있다. 그렇다면 제1사동의 어떤 어휘들이 중국어 '兼類詞' 사동과 대응되는지 구체적인 대응 어휘 목록을 살펴볼 필요가 있다. 특히 글말과 입말을 구별하여 제1사동과 중국어 '兼類詞' 사동의 대응 어휘의 상이점도 밝혀야 한다. 이에 대해 정리한 결과는 〈표 3〉과 같다.

〈표 3〉 글말에서 나타난 제1사동과 중국어 '兼類詞' 사동의 대응 어휘 목록

제1사동	대응되는 중국어 무표지 '兼類詞' 사동
줄이다(169회)	減少(146회), 降低(9회), 縮小(7회), 消除(7회)
늘리다(158회)	增加(112회), 提高(23회), 擴大(20회), 擴充(3회)
높이다(152회)	提高(146회), 增加(5회), 增强(1회)
낮추다(95회)	降低(87회), 減少(7회), 減輕 (1회)
올리다(33회)	提高(33회)
넓히다(16회)	擴大(14회), 發展(1회), 提高(1회)
키우다(13회)	提高(5회), 發展(4회), 擴大(4회)
좁히다(11회)	縮小(11회)

분석 결과에 의하면 신문 말뭉치에서 추출한 제1사동과 중국어 '兼類詞' 사동의 대응 어휘에 많은 차이가 있다. 제1사동의 '줄이다, 늘리다, 높이다, 낮추다, 올리다, 넓히다, 키우다, 좁히다' 8가지 사동사가 나타나고 그들은 중국어 '兼類詞' 사동과 대응되었다. 그중 '줄이다, 늘리다, 높이다' 사동사는 고빈도로 중국어 '兼類詞' 사동과 다양하게 대응되는 경향을 보인다.

<표 4> 입말에서 나타난 제1사동과 중국어 '兼類詞'사동의 대응 어휘 목록

제1사동	대응되는 중국어 무표지 '兼類詞' 사동
세우다(157회)	停(157회)
괴롭히다(113회)	爲難(98회), 煩(15회)
줄이다(19회)	縮小(12회), 減少(7회)
옮기다(12회)	轉(12회)
올리다(10회)	提高(10회)
높이다(8회)	提高(8회)
늘리다(5회)	增加(5회)
식히다(3회)	涼(3회)
채우다(2회)	滿足(2회)
넓히다(1회)	擴大(1회)

위 〈표 4〉를 보듯이 드라마 말뭉치에서 나타난 제1사동과 중국어 '兼類詞' 사동의 대응 어휘들이 많은 차이를 보인다. 제1사동의 '세우다, 괴롭히다, 줄이다, 옮기다, 올리다, 높이다, 늘리다, 식히다, 채우다' 10가지 사동사가 나타나고 그들은 중국어 '兼類詞' 사동과 대응되었다. 그중 '세우다, 괴롭히다' 사동사는 고빈도로 중국어 '兼類詞' 사동과 대응되는 경향을 보인다.

지금까지 살펴본 결과, 글말과 입말에서 제1사동과 중국어 '兼類詞' 사동의 대응되는 경향성이 다르다는 것을 알 수 있다. 이에 대해 종합적으로 분석한 결과는 다음과 같다.

첫째, 글말보다 입말에서 더 많은 제1사동은 중국어 '兼類詞' 사동과 대응되었다. 이런 경향이 나타난 이유는 입말에는 다양한 표현으로 의사소통하는 특징이 있기 때문이다.

둘째, 입말보다 글말에서 제1사동에 대응 되는 중국어 '兼類詞'

사동이 다양하게 나타나는 경향이 있다. 왜 이런 현상이 나타나는지 해석해 보면 글말의 특성과 관련이 있다. 즉 글말은 입말보다 단순하지 않고 복잡하기 때문이다.

셋째, 100번 이상 나타난 어휘를 보면 글말과 입말에서 각각 '줄이다, 늘리다', '세우다, 괴롭히다'로 출현하였다. 즉 글말과 입말이 다르기 때문에 고빈도 나타난 제1사동의 어휘들도 다르다는 것을 예측할 수 있다. 다시 말하면 글말에서 많이 나타난 사동사는 신문이라는 글의 특성상 많이 사용하는 것으로 판단할 수 있다. 예를 들면 글말에의 '줄이다'와 같은 경우 행위의 대상은 '수나 분량, 물체의 길이나 넓이' 등이 많이 나타났다. '늘리다'와 같은 경우 행위의 대상은 '수나 분량, 시간' 등이 많이 나타났다. 한편, 입말에서는 많이 사용하는 사동사들은 드라마의 특성상 많이 사용하는 것으로 판단할 수 있다. 예를 들면 '세우다'와 같은 경우 행위의 대상은 '차나 계획, 방안' 등이 많이 나타났다. '괴롭히다'와 같은 경우 행위의 대상은 '사람의 몸이나 마음'이다.

6. 맺음말

본 연구는 신문과 드라마 병렬말뭉치를 분석하여 한국어 사동 표현과 중국어 무표지 어휘 사동의 다양한 대응 양상을 밝히고 경향성을 살펴봤다. 특히 그들 간에 나타나는 대응 경향의 원인까지 해석해 보았다. 더 나아가 글말과 입말에서 나타나는 대응 양상의 상이점도 밝히고 그 원인도 추측하였다. 본 연구에서 밝혀낸 대응 양상과 특징을 중심으로 정리하면 다음과 같다.

첫째, 글말이나 입말에서 한국어 제1사동만 중국어 각각의 무표지 어휘 사동과 모두 대응되었다. 반면 제2사동과 제3사동은 글말에서 만 중국어 각각의 무표지 어휘 사동과 대응되었고 입말에서는 '放/加/弄+형용사/동사' 복합동사 사동과 대응되지 않는 현상이 나타났다. 즉, 글말과 입말에서 그들 간의 대응이 상이하였다.

둘째, 중국어 무표지 어휘 사동과 제일 고빈도로 대응되는 한국어 사동 표현은 제1사동이었다. 즉, 일상생활에서 제1사동은 중국어 무표지 어휘 사동과 잘 대응되어 많이 사용하는 경향이 있다는 것을 추측할 수 있다.

셋째, 글말이나 입말에서 제1사동은 중국어 '兼類詞' 사동과 많이 대응되는 경향을 보인다. 그 원인을 해석해 보면 제1사동과 중국어 '兼類詞' 사동이 모두 어휘 사동이기 때문인 것으로 보인다. 그리고 이에 대해 글말과 입말을 구분해서 분석하였고 대응 어휘의 빈도 목록을 〈표 3〉과 〈표 4〉로 제시하였다.

이와 같은 연구 결과는 중국인 한국어 학습자나 한국인 중국어 학습자에게 한국어 사동 표현과 중국어 무표지 어휘 사동을 학습할 때 도움이 될 뿐만 아니라 복잡한 한국어 사동 표현을 중국어 무표지 사동으로 번역하거나 의사소통할 때도 도움이 될 것으로 생각된다. 또한 한국어 교육 현장에서 수업하는 한국어 교사에게 도움이 될 만한 참고 자료이다. 특히 고빈도로 나타난 한국어 사동 표현과 중국어 무표지 '兼類詞' 사동 목록을 같이 교육하면 교육 효과를 한층 더 높일 수 있으리라 생각한다. 그리고 본 연구의 분석 결과는 입말과 글말에서의 실제 의사소통의 상황이 반영되고 있으므로, 글말과 입말에 따른 사동 표현의 교수 항목을 달리 설계할 수 있으리라 생각한다.[3]

---

3) 이 글은 『언어사실과 관점』 48권, 417~440쪽에 실린 글을 수정·보완한 것임.

강범일(2011), "코퍼스의 대표성 측정 방안 연구 – 텍스트 장르별 언어학적 자질의 분포를 중심으로 – ", 연세대학교 석사학위논문.

강현화(2000), "외국인을 위한 한국어사전과 말뭉치", 『응용언어학』 16, 한국응용언어학회, pp.99-117.

강현화(2006), "한국어 문법 교수학습 방법의 새로운 방향", 『국어교육연구』 18, 서울대학교국어교육연구소, pp.31-60.

강현화·이미혜(2011), 『한국어교육론』, 한국방송통신대학교출판부.

강흥구(1994), "현대 국어의 보조동사 연구", 『한어문교육』 2, pp.1-12

고영근(1973), "現代國語의 接尾辭에 대한 構造的 研究(Ⅲ)", 『語學研究』9, 서울대학교 언어교육원, pp.64-74.

국립국어원(2005), 『외국인을 위한 한국어 문법 2』, 커뮤니케이션북스.

권재일(2001), "한국어 격틀 구조의 역사적 변화", 『어학연구』 37(1), 서울대학교 언어교육원, pp.135-155.

김선효(2014), "의사관형구조'에의'의 형성 과정과 요인", 『국어학』 55, 국어학회, pp.105-124.

김성화(1990), 『현대 국어 상 연구』, 한신문화사.

김연지(2008), "한국어 교육에서의 부사격 조사 제시 방안 연구 : '에', '에서', '로'를 중심으로", 연세대학교 석사학위논문.

김영미(1995), "'있다'의 의미에 대한 고찰", 전람대학교 석사학위논문.

김은주(2020), "한국어 부사격 조사 '에', '에서', '로'의 교육 방안", 동덕여자대학교 석사학위논문.

김정남(2009), "부사격 조사 '-에'와 '-에서'의 출현 환경에 대한 대비적 고찰", 『語文研究』 62,어문연구학회, pp.49-76.

김정애(2013), "한국어 결과상 '-고 있다, -아/어 있다'구문과 중국어 '著'구문 대조 연구", 경희대학교 석사학위논문.

김제열(1995), "'-게 하다' 사동문의 성격과 구조", 『외국어로서의 한국어교육』 20, 연세대학교 한국어학당, pp.129-160.

김종태(1986), "'-아 있다', '-고 있다' 조동사 구분에 대하여", 『한민족어문학』 13, 한민족문학학회 pp.479-499.

김종혁(2009), "중국어와 한국어의 시제/상 표지 대응관계 고찰", 『중국학논집』 27, 한국중국문화학회, pp.23-29.

김차균(1999), 『우리말 시제구조와 상 인식』, 태학사.

김천학(2009), "現代國語 '있다'와 관련된 相的 呼應에 대하여", 『국어학』 37, 국어학회, pp.111-131.

김현아(2000), "처격조사 '에'의 통사 의미론적 연구", 서강대학교 석사학위논문.

김현희(2005), "현대 중국어'在'에 대한 인지적 고찰", 연세대학교 석사학위논문.

김형배(1995), "한국어 사동사의 범주와 사동사 파생법의 변천", 『한말연구학회 학회발표집』 4, 한말연구학회, pp.48-68.

김형배(2005), "파생 사동사의 범주", 『한민족문화 연구』 17, 한민족문화학회, pp.287-306.

남기심·고영근(1985/1993), 『표준국어문법론』, 탑출판사.

남수경(2011), 『한국어 피동문 연구』, 월인.

남주경(2001), "한국어 부사어의 중국어 표현방식 연구", 서울대학교 석사학위논문.

대문(2011), "한국어 부사격 조사 '-에', '-로'에 대응하는 중국어 표현 연구", 한양대학교 석사학위논문.

민경모(2010), "병렬말뭉치의 개념 및 구조에 관한 몇 문제", 『언어사실과 관점』 25, 연세대학교 언어정보연구원, pp.41-70.

박덕유(2007), 『한국어 相의 이해』, 제이앤씨.

박선옥(2005), 『국어 보조동사의 동사와 의미연구』, 역락: 도서출판.

박진호(2011), "시제, 양태, 상", 『국어학』 60, 국어학회, pp.289-322.

백설(2012), "한국어 조사 {에/에서/(으)로}와 중국어 개사의 대조 연구", 상명대학교 석사학위논문.

번웨이샤(2013), "한국어 조사 {로}와 관련되는 중국어 개사 대조 연구", 『한국 언어문화학』 10, 국제한국언어문화학회, pp.123-147.

상산(2012), "한국어 부사격 조사와 중국어 개사의 대조 연구", 세명대학교 석 사학위논문.

서정수(1996), 『현대국어문법론』, 한양대학교출판원.

서정수(2006), 『국어 문법』, 한양대학교출판원.

석견·성윤숙(2009), "한국어 부사격 조사와 중국어 개사 대조 연구", 『中國人 文科學』 42, 중국인문학회, pp.111-134.

설교·박덕유(2019), "한국어 부사격 조사 '에'와 '로/으로'의 중국어 대응 양상 연구", 『한민족어문학』, 85, 한민족어문학회, pp.7-41.

소령령(2012), "중국인 학습자를 위한 조사교육 연구 : '~에, ~에게, ~에서, ~ 로'를 중심으로", 부산대학교 석사학위논문.

손영(2012), "한중 사동 표현의 대조 연구", 명지대학교 석사학위논문.

송창선(2012), "「-고 있다 와 -어 있다」의 기능과 의미 연구", 『언어과학연 구』 62, 언어과학학회, pp.179-204.

송홍규(2010), "파생적 피동문의 유형과 접사의 기능 분석", 『우리어문연구』 37, 우리어문학회, pp.133-162.

슬지에(2009), "한국어 부사격 조사와 중국어 개사의 대조 연구", 경북대학교 석사학위논문.

신민아(2008), "효과적인 중국어 피동문 교수-학습 방안 연구-현생 중국어 II교과서 분석을 중심으로-", 한국외국어대학교 석사학위논문.

신선경(2002), 『'있다'의 어휘 의미와 통사』, 태학사.

신자영(2010), "병렬 코퍼스 및 학습자 코퍼스를 이용한 중간언어 연구법", 『언 어사실과 관점』 25, 연세대학교 언어정보연구원, pp.71-87.

씨나롯 낫타완(2011), "한국어 부사격 조사와 태국어 전치사 대비 연구", 충남 대학교 석사학위논문.

안광용(1998), 『진명 한중사전』, 진명출판사.

안령군(2005), "한국어 조사 '-에'의 의미와 용법 연구-중국인을 위한 한 국어 교육적 관점에서", 연세대학교 석사학위논문.

여상(2009), "韓國語 助動詞 句文의 中國語 飜譯 樣相 : '(고) 있다', '(어)

있다'를 中心으로", 명지대학교 석사학위논문.

염준(2007), "전치사 '在'와 조사 '에서, 에' 외 대응 연구 - 처소 의미를 중심으로 - ", 연세대학교 석사학위논문.

왕례량(2009), "한국어와 중국어의 피동표현에 대한 대조적 연구", 『한중인문학연구』 28, 한중인문학회, pp.447-480.

왕엽(2011), "중국어권 한국어 학습자의 조사 '로' 사용 오류 분석과 교육방안: 중급 학습자를 대상으로", 고려대학교 석사학위논문.

왕위(2012), "韓國語'있다'在漢語中的對應研究", 연변대학교 석사학위논문.

왕정정(2014), "보조용언구성'-아있다'와 '-고 있다'의 분포 제약 연구", 아주대학교 석사학위논문.

왕종연(2010), "조사 용법에 대한 한국어와 중국어 비교 연구 : 부사조사 '-에', '-에서', '-에게', '-로'의 용법을 중심으로", 檀國大學敎 석사학위논문.

유현경(2007), "조사 '에를'의 범주와 의미", 『언어』 32, 한국언어학회, pp.105-123.

유현경·황은하(2010), "병렬말뭉치 구축과 응용", 『언어정보와 사전편찬』 25, 연세대학교 언어정보연구원, pp.5-40.

유혜원(2015), "부사격조사 "에"비실현에 대한 연구 - 서술어 논항에 나타나는 현상을 중심으로", 『한국어학』 66, 한국어학회, pp.189-214.

유효홍(2009), "한국어'있다'와 해당 중국어표현의 대조연구", 전북대학교 석사학위논문.

이기동(1981), "조사 에와 에서의 기본 의미", 『한글』 173, 한글학회, pp.9-34.

이문화(2014), "한국어 '있다'와 '없다"에 대응하는 중국어 표현 연구 - 한·중 드라마 병렬말뭉치를 중심으로 - ", 『언어사실과 관점』 34, 연세대학교 언어정보연구원, pp.189-214.

이문화(2016), "병렬말뭉치 기반 한·중 사동 표현의 대조 연구 - 유표지 사동을 중심으로 - ", 연세대학교 박사학위논문.

이문화(2019), 『한·중 사동 표현의 대조 연구』, 한글파크.

이상억(1999), 『국어의 사동·피동 구문 연구』, 집문당.

이상억(1995), 『외국인을 위한 한국어 학습 사전』, 한림출판사.

이정규(2010), "병렬말뭉치 구축을 위한 문장단위 수동 정렬 도구", 『언어정보와 사전편찬』 25, 연세대학교 언어정보연구원, pp.115-138.

이정택(2010), "이른바 주격조사 "-에서"에 관하여",『한말연구』27, 한말연구
　　　학회, pp.195-212.

이희자·이종희(2010),『한국어 학습 전문가용 어미·조사 사전』, 한국문화사.

전전령(2011), "한국어 파생적 사동문의 교육에 관한 연구 - 중급 단계의 중국
　　　인 학습자를 대상으로 - ", 인제대학교 석사학위논문.

정자훈(2004), "'있다'와 '없다'의 의미 연구", 경북대학교 석사학위논문.

조건유(2013), "한국어 조사 '-에'와 중국어 대응 표현 연구", 건국대학교 석사
　　　학위논문.

조재형(2014), "'-에'와 '-에서'의 기본의미 비교 고찰",『언어』39, 한국언어학
　　　회, pp.1021-1041.

주원사(2014), "중국인을 위한 한국어 사동 표현 교육 연구", 한성대학교 석사
　　　학위논문.

주향아·조미희(2010), "신문기사 한영 병렬 코퍼스를 통해 본 번역단위 - 시장
　　　기업을 중심으로 - ",『언어사실과 관점』25, 연세대학교 언어정보연구
　　　원, pp.161-188.

진려하(2014), "한국어 보조용언 구성 '-고 있다', '-어 있다'와 중국어 대응양
　　　상 연구", 경희대학교 석사학위논문.

최봉환 외(1995),『한중사전』, 민족문화.

최신혜(2013), "한국어와 중국어의 소유, 재 개념 표현 고찰 - '유(有)', '재(在)',
　　　'있다'를 중심으로",『中國語文論叢』56, 중국어문연구회, pp.105-128.

최현배(1937/1961),『우리말본』, 정음문화사.

한동완(1999), "'-고 있-' 구성의 중의성에 대하여",『한국어 의미학』5, pp.215-248.

홍순성(2003), "시간부사와 격조사 '-에'의 공기관계",『韓民族語文學』42, 한
　　　민족어문학회, pp.197-213.

高菲(2009), "한국어 조사와 중국어 개사의 대조 연구 - '-로, 에, 에서, 에게,'
　　　를 중심으로", 청주대학교 석사학위논문.

樸美貞(2002), "現代中國語의 使動表現 研究", 연세대학교 박사학위논문.

王宗姸(2009), "조사 용법에 대한 한국어와 중국어 비교 연구 - '에, 에서, 에
　　　게, 로'의 용법을 중심으로 - ", 단국대학교 석사학위논문.

WU JINGJING(2012), "한국어 '있다'에 대응하는 중국어 표현 연구", 경희대

학교 석사학위논문.

ZHAO XUEFENG(2017), "중국인 학습자를 위한 한국어 조사 '로'의 교육 방안 연구", 아주대학교 석사학위논문.

戴耀晶(1997), 『現代漢語時體系統研究』, 浙江教育出版社.

丁崇明(2010), 『現代漢語語法教程』, 北京大學出版社.

龔千炎(1995), 『漢語的時相時制時態』, 商務印書館.

郭志良(1992), "時間副詞正,正在和在的分布情況續", 『世界漢語教學』 2, pp.167-172.

侯學超(1998), 『現代漢語虛詞詞典』, 北京大學出版社.

胡裕樹·範曉(1995), 『動詞研究』, 河南大學出版社.

黃伯榮,廖序東(2007), 『現代漢語』, 高等教育出版社.

康寔鎭 외(2001), 『최신한중대사전』, 黑龍江朝鮮民族出版社.

賴帆(2011), "時間副詞 正, 在, 正在與著共現與替換條件研究", 華東師範大學碩士論文.

黎錦熙(1998), 『新著國文語法』, 商務印書館.

李臨定(1986), 『現代漢語句型』, 北京商務印書館.

李臨定(1990), 『現代漢語動詞』, 中國社會科學出版社.

劉月華 外譯(1987), 『現代中國語文法』, 大韓教科書株式會社.

陸劍明(2003), 『現代漢語語法研究教程』, 北京大學出版社.

陸儉明(1999), "'著(·Zhe)'字補議", 『中國語文』 5, pp.331-336.

呂叔湘(1980/2002), 『現代漢語八百詞』, 商務印書館.

呂叔湘(1982), 『中國文法要略』, 商務印書館.

潘文娛(2001), 『談談'正', '在'和'正在'』, 新星出版社.

錢乃榮(2002), "體助詞 '著' 不表 進行的意義", 『漢語學習』 4, pp.36-44.

石毓智(2010), 『漢語語法』, 商務印書館.

譚景春(1997), "致使動詞及其相關句型", 中國語文雜志社編《語法研究和探索》(八), 北京商務印書館.

宛新政(2004), "現代漢語致使句研究", 複旦大學, 博士學位論文.

王克菲(2004), 『雙語對應語料庫研制與應用』, 外語教學與研究出版社.

王還(1957), "說'在'", 『中國語文』 2, pp.25-26.

王還(1984), 『把字句和被字句』, 上海教育出版社.

楊一(2010), "韓漢使動句對比分析", 遼寧師範大學 碩士學位論文.

張黎(1996), 「'著'的語義分布及其語法意味」, 『語文研究』 1, pp.6-12.

張誼生(2013), 『現代漢語動詞』, 中國人民大學出版社.

〈교재〉

고려대학교 한국어문화교육센터(2010), 재미있는 한국어 1, 교보문고.

고려대학교 한국어문화교육센터(2010), 재미있는 한국어 2, 교보문고.

고려대학교 한국어문화교육센터(2010), 재미있는 한국어 3, 교보문고.

연세대학교 한국어학당(2007), 연세한국어 1-2, 연세대학교 출판부.

연세대학교 한국어학당(2007), 연세한국어 2-1, 연세대학교 출판부.

연세대학교 한국어학당(2007), 연세한국어 2-2, 연세대학교 출판부.

〈웹 사이트〉

『네이버 한중사전』, http://cndic.naver.com

『연세 현대 한국어사전』, https://ilis.yonsei.ac.kr/dic

『표준국어 대사전』, https://stdict.korean.go.kr/main/main.do

| 지은이 소개 |

이문화 李文花
2021년 '한중문화교류의 해' 한중문화교류 공로 감사장 수상
(주우한대한민국총영사관)
연세대학교 국어국문학과 문학박사
연세대학교 국어국문학과 문학석사
중국화중사범대학교 부교수
중국우한세종학당 운영요원
한국어문법교육학회 국제이사
국제한국어교육학회 국제이사
한국사전학회 국제이사

저서: 『한·중 사동표현의 대조 연구』
논문(20편): 「중국어권 한국어 학습자의 종결어미 사용 오류 연구」 외 19편
프로젝트(9건): 한국국제교류재단 「병렬말뭉치 기반 한국어 부사격조사 '-(으)로'
의 중국어 대응 표현 연구」, 중국절강성교육청 「병렬말뭉치에서 한중 피동표현의
대조 연구」 외 7건

한중 병렬말뭉치의 활용

문법대조연구

초판 인쇄 2022년 9월 25일
초판 발행 2022년 10월 10일

지 은 이 | 이문화(李文花)
펴 낸 이 | 하운근
펴 낸 곳 | 學古房

주   소 | 경기도 고양시 덕양구 통일로 140 삼송테크노밸리 A동 B224
전   화 | (02)353-9908 편집부 (02)356-9903
팩   스 | (02)6959-8234
홈페이지 | www.hakgobang.co.kr
전자우편 | hakgobang@naver.com, hakgobang@chol.com
등록번호 | 제311-1994-000001호

ISBN 979-11-6586-482-8 93720

값: 14,000원